Das Jesuitentheater in Aschaffenburg

Didaskalika

herausgegeben von
Wolfgang Polleichtner

Band 9

Informationen zur Reihe auf
www.uni-tuebingen.de/fakultaeten/
philosophische-fakultaet/fachbereiche/
altertums-und-kunstwissenschaften/
philologisches-seminar/
reihen-und-zeitschriften/didaskalika

Wolfgang Polleichtner

Das Jesuitentheater in Aschaffenburg

Eine Reise durch Zeit und Raum

Kartoffeldruck-Verlag

Speyer 2023

Bibliografische Information der Deutschen Nationalbibliothek

Die Deutsche Nationalbibliothek verzeichnet diese Publikation in der Deutschen Nationalbibliografie; detaillierte bibliografische Daten sind im Internet über http://dnb.d-nb.de abrufbar.

Der Kartoffeldruck-Verlag publiziert zum reinen Selbstkostenpreis Bücher, die in jeder Buchhandlung bestellt werden können – insbesondere für Expertinnen und Experten in Altertumswissenschaft und Schule.

2023

www.kartoffeldruck-verlag.de
ISBN 978-3-939526-66-7

Inhaltsverzeichnis

Eine persönliche Einleitung

Die vielleicht nachhaltigsten Erinnerungen an meine Schulzeit am Kronberg-Gymnasium in Aschaffenburg sind diejenigen an viele großartige Aufführungen des Schultheaters: Shakespeares *Julius Cäsar* (1984), Jean Giraudoux' *Intermezzo* (1985), Benjamin Brittens *Noahs Flut* (1992), eine Eigenbearbeitung von Anne Franks *Geschichten und Ereignisse aus dem Hinterhaus* (1987), oder das Musical *Show Boat* von Jerome Kern und Oscar Hammerstein II (1990) um nur ein paar Stücke hervorzuheben. Fremdsprachliches Theater etwa war auch damals schon ein Thema. Gleiches gilt für Exkursionen zu bestimmten Theateraufführungen, Einladungen an auswärtige Theatergruppen oder einfach das Schülerabonnement am Stadttheater. Der Ansteckbutton der 30. Theatertage der bayerischen Gymnasien in Aschaffenburg von 1986 und mit ihm viele Eindrücke von verschiedenen Stücken haben bislang jedenfalls noch jeden Wohnungswechsel überlebt. Wenn ich am Eingang zum Schulgebäude die Erinnerungstafel mit dem Gründungsdatum 1620 unserer Schule passierte, dann fragte ich mich manchmal, ob unsere Schule schon immer so wunderbar war, wie ich sie damals erlebte. Ich war gerne Schüler dieser Schule: nicht zuletzt wegen ihrer Theateraufführungen.

Nicht immer stand das Kronberg-Gymnasium ja an der Fasaneriestraße 33. Nicht immer hatte es einen für Theateraufführungen prinzipiell geeigneten Innenhof. Große Schultheateraufführungen fanden zu meiner Schulzeit aber ohnehin auch im Stadttheater statt. Die Tatsache, dass unsere Schule einmal neben der Jesuitenkirche in der Stadtmitte untergebracht war, und das Schicksal auch der Schulbibliothek nach den Bombennächten in Aschaffenburg vom Herbst 1944 bis zum Frühjahr 1945 wurde uns immer einmal wieder erzählt.[1] Als ich 2016 nach Tübingen kam und sich mit Jürgen Leonhardt und Andreas Abele zwei Kenner des Jesuitentheaters unter meinen Kolleginnen und Kolle-

[1] Zur Baugeschichte der Schule vgl. etwa Gerl 1957, 677. Den Zustand des Schulgebäudes nach dem 29. Dezember 1944 dokumentiert etwa Ferckel 1950/51, 79.

gen am Philologischen Seminar befanden und sich obendrein im Jahr 2020 der Geburtstag der des heutigen Kronberg-Gymnasiums in Aschaffenburg zum 400. Mal jährte, wollte ich der Geschichte des Jesuitentheaters in Aschaffenburg genauer nachgehen.[2]

Empfanden die damaligen Schulangehörigen wie wir um 1990? Zuschauertumulte wie damals, als bei einer Aufführung der Jesuiten im Jahr 1604 in Mainz Schlagstöcke zur Wiederherstellung der Ordnung nötig waren,[3] gab es während meiner Schulzeit ja zum Glück nie. Aber immer gab es Beifallsstürme am Ende und vorher einen regelrechten Run auf die Karten und Plätze. Kritik an einem Zuviel an Aufwand für das Schultheater allerdings gab es zu unserer Zeit hin und wieder allerdings auch, genau wie das beim Jesuitentheater immer wieder der Fall war.[4]

Tatsächlich lohnt sich aber der Blick auf die Zeit des Kronberg-Gymnasiums unter der Leitung der Jesuiten und ihr Schultheater. Es gab nämlich vor allem andere Themen in diesen anderen Zeiten auf der Schulbühne. Es spiegelt sich sicher die jeweilige Zeit auch im Theaterprogramm einer Schule.

Dieser Beitrag kann nun zum einen bisher zwar nicht unbekanntes, aber unbeachtetes Material im Wortlaut bieten und zum anderen das Bekannte in die mittlerweile viel besser erforschte und dargestellte Geschichte des Jesuitentheaters genauer einordnen, als dies früheren Publikationen zum Aschaffenburger Jesuitentheater möglich war.

---

[2] Herzlich danken möchte ich bei dieser Gelegenheit Andreas Abele und Bernd Müller für Ihre Hilfe bei der Literatursuche.

[3] Friedrich 2016, 364.

[4] Vgl. Friedrich 2016, 363f.

Das Jesuitentheater in der Forschung

In der lateinischen Philologie wird derzeit im neulateinischen Bereich intensiv an der Literatur geforscht, die der Jesuitenorden besonders seit seiner Gründung im 16. Jahrhundert bis zu seiner Aufhebung im 18. Jahrhundert produzierte.[5] Die Ordensmänner betätigten sich literarisch in vielen Gattungen, in Prosa und Poesie.[6] Unter ihre Werke zählt mit einer exorbitanten Anzahl von Stücken – man spricht von etwa hunderttausend Produktionen für den gesamten Orden[7] – das sogenannte Jesuitentheater.[8] Dadurch wurde das Jesuitentheater als solches zu einem Phänomen mit gewaltiger gesellschaftlicher Ausstrahlungskraft, aber auch zu einem Faktor der Literaturgeschichte, dessen Besonderheiten die Neolatinistik und andere neuzeitlichen Philologien heute verstärkt nachgehen, nachdem das Jesuitentheater lange unterschätzt und vernachlässigt worden zu sein scheint,[9] was sicher auch mit seinen Entstehungsbedingungen und der Überlieferungslage der schriftlichen Materialien seiner Produkte zusammenhängt. Diese Besonderheiten müssen unten kurz erklärt werden, um auch unsere Kenntnisse von den in Aschaffenburg zur Aufführung gebrachten Stücken zu verstehen.

---

[5] Besonderen Anteil an diesen Forschungen hat sicherlich das Ludwig Boltzmann Institut für Neulateinische Studien in Innsbruck. Quer über alle Gebiete der Wissenschaft und Kunst erfahren die Leistungen der Jesuiten in den letzten Jahren eine erhöhte Aufmerksamkeit. Vgl. etwa O'Malley/Bailey/Harris/Kennedy 1999, Schatz 2013, Tjoelker 2014, Heid 2015, Friedrich 2016 und Friedrich 2021. Vgl. aber auch schon das wegweisende Werk von Duhr 1907-1928.

[6] Vgl. Friedrich 2016, 367.

[7] Vgl. Nebgen 2010.

[8] Vgl. auch Rädle 2004.

[9] Vgl. Rädle 2013, 195ff. Beispielsweise verändert das Jesuitentheater auch die Konzeption des Helden eines Theaterstücks. Hatte Aristoteles in seiner *Poetik* noch gefordert, dass ein Bühnenheld keineswegs fehlerfrei zu sein habe, so malt das Jesuitentheater gerne in Schwarz-Weiß-Dichotomien und bereitete auch durch seine explizite Darstellung von Gewalt den Weg für ein Schwelgen im christlichen Heroismus. Vgl. Friedrich 2016, 360 und 362 sowie 364.

Die Arbeit an den unübersichtlich erhaltenen Werken des Jesuitentheaters wird vor allem von zwei Nachschlagewerken erleichtert, die vor etwa 40 Jahren entstanden: Jean-Marie Valentin sammelte in einem monumentalen Nachschlagewerk die in deutschsprachigen Jesuitenkollegien aufgeführten Stücke, soweit er sie erfassen konnte, und verzeichnete 1983 und 1984 enzyklopädisch nach Möglichkeit auch, wo diese 7.650 Stücke, von denen er wusste, eventuell aufbewahrt oder publiziert wurden.[10] Elida Maria Szarota veröffentlichte in den Jahren 1979-1983 ihre voluminöse Sammlung von Programmheften von Theaterstücken von Jesuitenbühnen im deutschen Sprachraum in drei Bänden zu je zwei Halbbänden, denen 1987 der Indexband folgte.[11] Auf diese Programmhefte, die auch für Aschaffenburg wichtig sind, muss unten noch etwas weiter eingegangen werden.

Man interessiert sich heute einerseits für einzelne Stücke,[12] für die Autoren,[13] für die Theoriebildung der Jesuiten über ihre dichterische Tätigkeit selbst,[14] aber auch für die Theatergeschichte einzelner Standorte von Jesuitenniederlassungen[15] bis hin zu ganzen Ländern und Regionen.[16] Im Zuge der diesbezüglichen Nachforschungen finden sich in den Archiven und Bibliotheken tatsächlich auch immer wieder bislang vergessene oder übersehene Texte. Und so soll es Aufgabe dieses Beitrags sein, danach zu fragen, was man denn zurzeit über die Stücke herausfinden kann, die in Aschaffenburg aufgeführt wurden.

---

[10] Valentin 1983 und 1984. Damit geht er weit über Müller 1930 hinaus. Vgl. auch Rädle 2013, 195. Weitere Hilfsmittel sind Sommervogel 1884 und Sommervogel et al. 1890-1932.

[11] Szarota 1979-1987.

[12] Vgl. etwa Bauer/Leonhardt 2000, Mundt/Seelbach 2002, Büttner 2004, Abele 2018 oder Werz 2021.

[13] Vgl. etwa Kindig 1965 oder Wirthensohn 2019.

[14] Vgl. beispielsweise Rudin 1975, Bauer 1994 oder Tjoelker 2014.

[15] Vgl. etwa Haas 1958, Hadamowsky 1991, Krump 2000, Tilg 2005 oder Stork 2013.

[16] Vgl. z.B. Boogerd 1961, Rela 1990 und die Beiträge unter Part 2 in Oba/Watanabe/Schaffenrath 2022.

Der Jesuitenorden, seine Schulen und das Theater

Auch wenn die Jesuiten heute sehr häufig als Schulorden angesehen werden, so war die Übernahme von Aufgaben im Bereich von Bildung vom Jesuitenorden bei seiner Gründung 1540 zunächst nicht vorgesehen. Erst allmählich kam es dazu, dass die Jesuiten „zum wichtigsten Träger der Laien- und Priesterbildung in der katholischen Welt wurden.“[17] Ab 1546 wird in Gandía in Spanien die erste auch für Nicht-Jesuiten offene Schule vom Orden betrieben. Die Jesuiten hielten ihre Schulen grundsätzlich für alle Interessierten offen und verlangten keine Gebühren.[18] Die inhaltliche Ausrichtung des Jesuitenordens und seine Erscheinung nach außen änderten sich in diesen ersten Jahren und Jahrzehnten, indem den Schulen des Ordens und damit auch der Wissenschaft im Orden eine immer wichtigere Funktion zuwuchs. Mit dieser Veränderung und gestützt auf die weltweit – auch in Übersee – tätigen Ordensmitglieder transformierte der Orden mit seinen lehrenden und forschenden Kräften, die von der Philologie bis zu den Ingenieurwissenschaften keinen Wissensbereich unbeackert ließen, letztlich die katholische Kirche insgesamt nach innen und außen und auch die Bildungslandschaft allgemein. Dies gilt insbesondere für die zweite Hälfte des 16. Jahrhunderts und für das 17. Jahrhundert. Bis zur Auflösung des Ordens am 21. Juli 1773 durch Papst Clemens XIV. büßte der Orden im 18. Jahrhundert dann viel von seiner einflussreichen Stellung an der Spitze des Fortschritts in Schule und Wissenschaft ein.[19] Die Jesuiten verloren mit der Aufhebung des Ordens in Aschaffenburg natürlich auch die Leitung ihrer Schule,[20] so dass hier von der Zeit nach der Wiederzulassung des Ordens am 7. August 1814 durch Papst Pius VII. keine Rede sein muss.[21]

---

[17] Friedrich 2016, 285.

[18] Vgl. Friedrich 2016, 286.

[19] Vgl. Friedrich 2016, 284ff.

[20] Vgl. Gerl 1957, 682. Eine ausführliche Schilderung der Ereignisse von 1773 findet sich bei Spiringer 1901, 41-45. Für die wechselvolle Zeit nach 1773 vgl. Wagner 1906.

[21] Vgl. zur Neugründung der Aschaffenburger Jesuitenniederlassung nach dem Kulturkampf ab 1917 Gerl 1957, 683f.

Eine wichtige Rolle im Schulbetrieb übernahm bei den Jesuiten das Schultheater. 1551 soll in Messina das erste Schulspiel der Jesuiten aufgeführt worden sein.[22] In Bologna wurden 1558 die Jesuiten schon spöttisch als „*preti delle comedie*“, als „Komödienpriester“ bezeichnet.[23] Die visuelle Kraft der Vergegenwärtigung einer Geschichte auf der Bühne[24] passte zur Spiritualität des Ordensgründers Ignatius von Loyola und seines Ordens, zur Theaterbegeisterung der Zeit und zu den pädagogischen Zielen der Jesuitenschulen, die nicht zuletzt auch in hohem Maße vom Humanismus der Renaissance beeinflusst waren, ihn überzeugt weitertragen wollten und mit den protestantischen Schulen und den Schulen anderer Orden konkurrierten.[25] Im Unterschied zum Schulspiel anderswo blieb das jesuitische Schultheater außer in Spanien und Portugal generell lateinisch.[26] Das Jesuitentheater wollte nicht mit der Tradition brechen, in der es sich seit Plautus, Terenz, Seneca und dem Mittelalter sah.[27] Es unterstützte und bewarb den Lateinunterricht,[28] der damals auf eine aktive und passive Sprachbeherrschung in Wort und Schrift, in Prosa und Poesie setzte.[29] Dies war an sich natürlich keine Erfindung der Jesuiten, sondern ein Aufgreifen pädagogischer Überlegungen und Usancen des Humanismus.[30] Das Jesuitentheater blieb auf diese Weise ebenso

---

[22] Vgl. Friedrich 2016, 358.

[23] Vgl. Friedrich 2016, 357f.

[24] Auch Martin Luther war von dieser Wirkung der Verhandlung gerade für biblischer Stoffe überzeugt. Protestantische Schulordnungen sahen vor, dass vor allem Terenz und moderne Stücke gespielt werden sollten. Drama und Predigt sind eng verbunden. Vgl. Rädle 1997, 47f.

[25] Vgl. Rädle 1997, 41f., Rädle 2013, 193ff. und Friedrich 2016, 358f. Zum Schulspiel an protestantischen Schulen vgl. etwa Dietl 2013. Ebeling 1862 a und b zeigt, dass auch im von Aschaffenburg nicht weit entfernten Miltenberg bei den Franziskanern Theater gespielt wurde.

[26] Zu regionalen Varianzen in der Verwendung der lateinischen Sprache für das Theater vgl. Tjoelker 2014, 5-7.

[27] Vgl. Valentin 1980, 251. Allerdings greift das neulateinische Drama seit der Renaissance zunächst auf die Antike zurück in bewusster Nichtbeachtung des Mittelalters. Vgl. Rädle 1997, 46.

[28] Vgl. Rädle 2013, 197 und Korenjak 2016, 128.

[29] Vgl. etwa schon Melanchthons *de miseriis paedagogorum* von 1533 und Korenjak 2016, 126.

[30] Vgl. Rädle 1997, 46f.

international,[31] wie die Jesuitenschule ihren Absolventen den Weg in die Spitze von Kirche und Staat der damaligen Zeit ebnete.[32] Umgekehrt besaß gerade die deutsche Sprache bei vielen Deutschen keinen hohen sozialen Status, während andere Gegenden und auch die Protestanten mit der dort einheimischen Sprache anders umgingen.[33]

Aufführungen festigten ganz pragmatisch die lokale Verwurzelung der Schulen. Die Identifikation der Schüler mit ihrer Schule wurde ebenso gestärkt wie die Kontakte zwischen Eltern und Schule. Die Stücke wurden so geschrieben, dass möglichst viele Akteure – mindestens als Statisten – in die Aufführungen eingebunden werden konnten. Auf diese Weise gelang eine Einbindung der Schule und des Ordens in die regionale Gesellschaft, da auch der Adel und eventuell sogar die Regierenden anwesend waren oder zumindest als Förderer auftreten konnten.[34] Man konnte sich zwischen allen Beteiligten über zentrale Werte austauschen und sich über diese selbst vergewissern. Für die Schule und den Orden selbst bot sich hier nicht zuletzt eine Plattform zur Demonstration ihrer pädagogischen Kompetenz und ihres praktischen Erfolgs.[35]

Die Stücke des Jesuitentheaters müssen also im Kontext der Jesuitenschulen begriffen werden. Sie sind nicht primär als Literatur

---

[31] Vgl. Bloemendal/Norland 2013, 6.
[32] Vgl. Valentin 1980, 252. Die Schüler kamen damals vor allem aus oberen Gesellschaftsschichten, auch wenn die Jesuiten, wie schon gesagt, auf Schulgeld verzichteten. Vgl. Mundt/Seelbach 2002, XIIf. mit Anm. 19 und Korenjak 2016, 127. Es wäre sicherlich interessant gewesen, zu beobachten, wie sich die Jesuitenschule auf dem Weg ins 19. Jahrhundert verändert hätte, wenn man sie sich organisch hätte weiterentwickeln lassen, und wie die Umgebung auf sie reagiert hätte.
[33] Vgl. Tjoelker 2014, 7. Zum Lateinischen im protestantischen Schultheater vgl. Rädle 1997, 53.
[34] Vgl. Friedrich 2016, 358f. Vgl. auch Rädle 1997, 54f., der an Texten der Jesuiten in Prag von 1558/59 und Lemberg von 1611 demonstriert, wie die Jesuiten politische Effekte willkommen hießen. Gleiches beobachten wir für Aschaffenburg. S.u.
[35] Vgl. Mundt/Seelbach 2002, XIIIf.

geschrieben, wie wir schöne Literatur heute verstehen.[36] Sie wurden in einem multimedialen Kontext aufgeführt. Das war ihr primärer Sinn.

Der Begriff des Autors muss im Jesuitendrama neu bestimmt werden: Die kollektive pädagogische Kompetenz des betreffenden Jesuitenkollegs und des gesamten Ordens war wichtiger als der individuelle Autor. Die Aufgabe der Abfassung solcher Stücke wurde offenbar eher als schulpraktische Aufgabe angesehen und nicht als besondere individuelle künstlerische Leistung.[37] Wann Stücke aufgeführt und Texte für solche Aufführungen geschrieben wurden, war dem Rhythmus des Schuljahres unterworfen. Die Stücke mussten sich in die pädagogische Ausrichtung der Jesuitenschulen einfügen und waren in ihrer Ausführung durch die lokal verfügbaren räumlichen, finanziellen und handwerklichen Ressourcen limitiert.[38] Insofern war kaum Platz für individuelle künstlerische Entfaltung in dem Sinn, wie wir sie allgemein heute definieren würden, auch wenn natürlich jedes Stück auch die individuelle Handschrift ihres Dichters trägt. Die – auch internationale – Durchmischung des Personals der Jesuitenkollegien trug ebenfalls dazu bei, dass die Stücke des Jesuitentheaters auch vom Ideenaustausch und der gegenseitigen Kritik profitierten.[39] Die hierarchische Organisation des Ordens begünstigte auch bei den

---

[36] Vgl. Valentin 1980, 240, der vom Jesuitentheater als einer „auf den ersten Blick etwas verwirrenden, ja skurrilen Literaturform" spricht. Vgl. auch ebd. 256.

[37] Vgl. Bauer/Leonhardt 2000, 93.

[38] Man arbeitete im Orden sehr daran, die technischen Möglichkeiten des Theaters auszuweiten. Es gab auch Literatur zum Bühnenbau im Orden. Vgl. Friedrich 2016, 364. Das Aschaffenburger Gymnasium besaß im Neubau von 1726 im Obergeschoss eine Aula. Vgl. den als Anlage bei Spiringer 1901 zu findenden Bauplan (ohne Paginierung) und zu diesem Schulbau und der beengten Lage in der Zeit davor Spiringer 1901, 35-41. Wo die Stücke in Aschaffenburg aufgeführt wurden, ist offen. Die Jesuiten kannten auch Freilichtaufführungen mit sehr großen Zuschauerzahlen. Vgl. Valentin 1980, 241.

[39] Vgl. Friedrich 2016, 364f. und 371. Vor 1580 mussten die deutschsprachigen Jesuitenkollegien auch Theaterstücke aus anderen Ordensprovinzen importieren, weil die eigene Produktion nicht ausreichte. Vgl. Valentin 1980, 240.

Theateraktivitäten des Ordens genau wie in seinem Schulwesen[40] eine gewisse Konformität,[41] die aber Entwicklungen durchaus Raum ließ.[42] Der Orden schaute durchaus auch darauf, was außerhalb seiner selbst anderswo geleistet wurde.[43]

Bis zu einem gewissen Grad war das Jesuitentheater aber gekennzeichnet von der Massenproduktion von Theaterstücken für das primäre Ziel, das der Ordensgründer Ignatius von Loyola mit der Erlaubnis des Schulbetriebs ausgegeben hatte, nämlich den Seelen zu helfen.[44] Valentin geht davon aus, dass im Durchschnitt pro Jesuitenschule fünf bis acht Stücke pro Jahr produziert wurden.[45] Rädle hat zwei Faktoren beschrieben, die seiner Meinung nach das Jesuitentheater insgesamt so erfolgreich machten: 1. Die Jesuiten verlagern den Schwerpunkt des Schulspiels von der Präsentation von Glaubenslehre, wie sie in religiösen Schauspielen üblich war, auf die jeden Zuschauer und jeden Mitwirkenden ganz persönlich angehende Frage, wie der Einzelne sein Leben verantwortungsvoll leben und wo er für sich Hilfe finden könne, wenn er in dieser gefährlichen Welt doch Fehler begangen haben sollte. Und 2. setzten sie klug dosiert immer wieder komische Elemente ein. Dies brachte zwar auch Kritik – bisweilen auch aus Rom – ein. Aber insgesamt war man erfolgreich. Lachen und Weinen sollten die Seele im Gleichgewicht halten und taten es wohl auch.[46]

---

[40] Hier ist vor allem die *ratio studiorum* der Jesuiten als ab 1599 ordensweit gültige Richtlinie für ihre Schulen zu nennen. Vgl. Valentin 1980, 241 und Korenjak 2016, 125.

[41] Vgl. Rädle 2013, 185-190. Zum Jesuitentheater in Frankreich vgl. etwa Chevalier 2013. Die Jesuiten unterrichteten auch englische Schüler auf dem europäischen Festland. Vgl. Norland 2013, 472 und 544.

[42] Vgl. Friedrich 2016, 371.

[43] Vgl. Friedrich 2016, 372.

[44] Vgl. Valentin 1980, 242 und 250f., Rädle 1997, 56, Rädle, 2013, 285 und Friedrich 2016, 287.

[45] Vgl. Valentin 1980, 241.

[46] Vgl. Rädle 1997, 57-60.

Die Aufbewahrung der Texte diente am Ende nicht einer Druckvorbereitung oder der Dokumentation einer Aufführung. Ob ein Text überhaupt aufgehoben wurde, war in hohem Maße Zufall. Besonders die Wirren des 30jährigen Kriegs und die Aufhebung des Ordens 1773 taten ihr Übriges zur kompletten oder teilweisen Zerstörung der Bibliotheken und Archive des Ordens. Gedruckt wurden Jesuitendramen nämlich eigentlich erst ab der zweiten Hälfte des 17. Jahrhunderts.[47] Die Theaterstücke existierten also in Form von Manuskripten, wobei es üblich war, dass zu einer Aufführung ein gedrucktes Programmheft erschien, eine sogenannte „Perioche“ (von gr. περιοχή – das Umfassen). Die Periochen zählten am Ende alle Mitwirkenden namentlich auf, aber nie den Autor.[48] In Manuskriptform wurden die Stücke weitergegeben, bearbeitet und eventuell abgeschrieben. Aber auch die Periochen dienten der Informationsweitergabe und auch der Werbung: Was wo gespielt wurde, interessierte innerhalb und außerhalb des Ordens und der Schule. Beides – Manuskripte und Periochen – gelangten dann eventuell auch in persönliche oder institutionelle Archive und Bibliotheken. Die Zirkulation dieser Dokumente hatte eine eher beschränkte Reichweite.[49] Die Jesuitenkollegien erwähnten auch immer wieder solche Aufführungen in ihren Jahresberichten an die Ordensoberen – auch ohne Autorangabe. Diese Überlieferungslage bestimmt die Arbeit an den Texten des Jesuitentheaters bis heute. Und selbst bei diesen Manuskripten fehlt uns häufig eine Autorangabe.[50]

---

[47] Vgl. Rädle 2013, 186. Wichtige Autoren sind etwa Nicolaus Avancini, Jakob Balde, Jakob Bidermann oder Jacobus Pontanus. Vgl. Rädle 2013, 288-292.
[48] Vgl. Rädle 2013, 186 Anm. 5.
[49] Vgl. Bauer/Leonhardt 2000, 93.
[50] Selten kamen auch Stücke von Nicht-Jesuiten zur Aufführung. Vgl. Friedrich 2016, 364f. Nicht einmal in den Unterlagen zum anlässlich der Einweihung der Jesuitenkirche in München 1597 finden wir eine Autorangabe für das damals extra geschriebenen und aufgeführten Theaterstück. Vgl. Bauer/Leonhardt 2000, 93.

Das Jesuitentheater in Aschaffenburg

Dank der Sammelarbeit von Herbert Gerl in den 1950er Jahren, sind für die Bühne der Aschaffenburger Jesuitenschule folgende Produktionen nachweisbar:[51]

1) 1630 (Titel unbekannt)[52]
2) 1644 *Hermenegild*[53]
3) 1648 *Hermenegild*
4) 1651 *Martyres Japonenses S.J.*
5) 1654 *Heraclius*
6) 1658 *Imago veri imperatoris* (Rudolf von Habsburg)
7) 1660 *Fatum sapientiae divinae potentes humilians*

---

[51] Vgl. Gerl 1957, 678 mit weiterer Literatur und den Belegstellen. Die Werktitel kürzt er meist etwas ab. Wo es ging, habe ich die Gerls Titelangaben wieder vervollständigt. Er bezieht sich meist auf die *Historia Collegii Aschaffenburgensis* im Generalarchiv der Jesuiten in Rom. Die Jesuiten sorgten auch für Theaterspiel außerhalb ihrer Schule: An Karfreitag 1689 wird im Zusammenhang mit der Karfreitagsprozession das Schauspiel mit dem deutschen Titel „Abraham opfert Isaak" aufgeführt (Gerl 1957, 675). Zur Abgrenzung des Jesuitendramas von einfach religiösen Stücken wie Krippenspielen und dem Begriff der „Erbauungsliteratur" etc. s. Valentin 1980, 256 und Rädle 2013, 197-202.

[52] Vgl. Gerl 1957, 666. Diese Aufführung fand offenbar in Anwesenheit von Anselm Casimir Wambolt von Umstadt, Erzbischof und Kurfürst von Mainz, statt, dem die Mainzer und Aschaffenburger Jesuiten zu Amtsantritt ein Huldigungsgedicht gewidmet hatten. Vgl. Spiringer 1901, 21f. Die Jesuiten waren sehr daran interessiert, mit den Landesherren auf gutem Fuß zu stehen. Vgl. Valentin 1980, 253f. Der 30jährige Krieg begann in Aschaffenburg eigentlich erst mit der Einnahme durch Gustav Adolf, der auch als Gegner der Jesuiten galt, am 23. November 1631 richtig schwer zu werden. Nach der Schlacht von Nördlingen (5./6. September 1634) zogen die Schweden aus Aschaffenburg ab, überfielen die Stadt aber im April 1637 von Hanau aus nochmals und plünderten Kirche und Kolleg der Jesuiten. Die Schule wurde zunächst 1635 wiedereröffnet trotz der damals noch wütenden Pest. Einige Schüler starben in den damaligen Herbstferien. Nach dem abermaligen Überfall 1637 nahm man 1638 den Schulbetrieb wieder auf. Vgl. Spiringer 1901, 23-29 und Gerl 1957, 668f.

[53] Wie Gerl 1957, 669 schreibt, fand diese Aufführung den Beifall des Landesherrn. Anselm Casimir Wambolt von Umstadt war von 1629 bis 1647 Erzbischof von Mainz.

8)	1674	*S. Crux à Cosrhoë Persarum rege capta, ab Heraclio Romanorum imperatore recepta, et ab eodem Hierosolymae exaltata*
9)	1678	*Paupertas probitatis, opulentia improbitatis magistra*
10)	1679	*Angeli a patriarcha Abraham hospitio excepti*
11)	1701	*Tryphon perfidus in Antiochum et Jonatham*
12)	1702	*Joram, Solymorum rex, Athalia instigante … numinis contemptor*
13)	1718	*Euclio in inferno sepultus*
14)	1726	*Jephte filiam unicam immolans*
15)	1731	*Stephanus*
16)	1732	*Benjamin ad Joseph in Aegyptum ductus*
17)	1733	*Talenta Evangelica … distributa et … recepta*

Diese Themenliste fügt sich ein in das Standardrepertoire der Jesuitenschulen. Sogenannte Jedermann-Stücke, in denen ein Mensch, mit dem sich jedermann identifizieren konnte, zwischen Gute und Böse schwebt und sich zwischen Himmel und Hölle entscheiden muss, waren beliebt. Biblische Gestalten finden sich neben den Heiligen der Kirche, und besonders auch neben den Heiligen aus dem Jesuitenorden selbst. Die Aktivitäten des Ordens in Ostasien konnten so ebenfalls herausgestrichen werden.[54]

[54] Die Aschaffenburger Öffentlichkeit wurde so aber auch mit der Internationalisierung der Welt konfrontiert. Vgl. zur Bedeutung des Jesuitentheaters in dieser Hinsicht Pohle 2000, 13. Neben den Jesuiten, die mit Francisco de Xavier, einem der Gründer ihres Ordens, die Missionierung Japans begannen, befanden sich auch andere Orden dort. Die Mission in Ostasien hatte für Aschaffenburg vielleicht nicht die wirtschaftliche Bedeutung, die sie aber für die Portugiesen nach Erlass der Bulle *Romanus Pontifex* am 8. Januar 1455 durch Papst Nikolaus V. hatte. Den Portugiesen war mit der Niederländischen Ostindien-Kompanie seit 1602 calvinistische Konkurrenz erwachsen. Die calvinistischen Niederländer durften nach dem Aufstand von Shimabara 1637 im Gegensatz zu anderen Europäern in Japan bleiben. Zur Mission in Japan vgl. Boxer 1967 und Habersetzer 2011. Das Thema Japanmission war also nicht nur kirchen- und ordenspolitisch äußerst relevant. Man fragt sich allerdings, was man in Aschaffenburg im Jahr 1651 davon allgemein wusste und wie aktuell dieses Wissen war. Vielleicht wusste man eben nur das, was das Jesuitentheater ihnen erzählte. Umso bedauerlicher ist es, dass wir außer dem Titel nichts über das

Aktualität zählte hier. Die 26 Märtyrer von Nagasaki, unter ihnen drei japanische Jesuiten, waren gerade 1627 von Papst Urban VIII. (Pontifikat von 1623 bis 1644) seliggesprochen worden.[55] Und Hermenegild lebte zwar im 6. Jahrhundert. Doch seliggesprochen wurde er erst 1586 unter Papst Sixtus V. (Pontifikat von 1585 bis 1590) und 1636 heiliggesprochen unter Papst Urban VIII.[56] Dem Jesuitenorden lag dieser Heilige sehr am Herzen: Der Jesuit Nicolas Cassin brachte Hermenegild stilbildend in das Themenrepertoire seines Ordens ein.[57] Die Verehrung des Heiligen Hermenegild war darüber hinaus von eminenter tagespolitischer Bedeutung in der damaligen Zeit für die Selbstdarstellung der spanischen Habsburger und ihre zumindest gefühlte Bedeutung in der Welt.[58] Aber auch Joseph in Ägypten war ein Klassiker auf der Jesuitenbühne.[59] Neutestamentliche Stoffe stehen neben alttestamentlichen, die man durchaus aus- und über die biblische Vorlage hinaus weiterdichtete.[60] Allegorische Figuren treten im Jesuitentheater ebenfalls gerne auf.[61] Insofern repräsentieren die obigen Titel also ein Programm, das wir von einer Jesuitenbühne erwarten können.

Neben dieser Sammlung von Themen hat die Forschung auch den Versuch einer zeitlichen Periodisierung des Jesuitendramas unter-

---

Aschaffenburger Stück wissen. Allerdings kennen wir aus Koblenz ein Stück mit dem Titel *Martyres Japonenses* von 1625. Vgl. Watanabe 2023.
Zum Thema Japan auf der Jesuitenbühne vgl. auch Hsia 2005 und Oba/Watanabe/Schaffenrath 2022.

[55] Vgl. Heckmann 1911: Die Massenhinrichtung fand am 5. Februar 1597 statt. Sie wurden unter Papst Pius IX. 1862 heiliggesprochen. Vgl. zum Grund für das Massaker Takeda 2011.

[56] Papst Urban legte den 13. April als Gedenktag fest. Vgl. Stolte 2013, 184.

[57] Zum historischen Hermenegild vgl. Castritius 1999. Vgl. Nebgen 2010 und auch Petruzzello 2019. Neben Cassins Bearbeitung des Stoffs kennen wir noch weitere. Pietro Sforza Pallavicino SJ, der spätere Kardinal, etwa schrieb *Ermenegildo martire* 1644.

[58] Vgl. Fuller 2015, 55f. Vgl. auch Muneroni 2017.

[59] Vgl. Wimmer 1982.

[60] Vgl. Friedrich 2016, 360ff.

[61] Vgl. Friedrich 2016, 363.

nommen. Man geht heute davon aus, dass sich das Jesuitentheater in fünf Epochen einteilen lässt:[62]

1. Die Zeit von 1574 bis etwa 1622, die für unsere Liste wegen des Fehlens einschlägiger Aufführungsnachrichten – die Schule war ja erst 1620 gegründet worden – leider nicht relevant ist, war von der Gegenreformation geprägt. Glaubensentscheidungen gemäß den Beschlüssen des Konzils von Trient wurden dargestellt.[63] Standhaftigkeit, Glaubenstreue und Bekehrung waren zentrale Themen dieser Zeit auf der Jesuitenbühne. Die Charaktere der Personen bestimmen das Stück mit den Prozessen, die ihre Seele durchlebt. Das Jesuitentheater dieser Zeit ist ebenfalls dadurch gekennzeichnet, dass der Orden selbst sich in einer Aufbauphase befindet, die sich einer Nachfrage nach seinen Leistungen gegenübersieht, der er personell und organisatorisch erst ab 1580 gerecht werden kann.[64]

2. Die zweite Periode von etwa 1623 bis etwa 1673 wird thematisch vom 30jährigen Krieg bestimmt. Aktuelle politische Fragen werden mit Fragen aus der Frühzeit des Christentums in Beziehung gesetzt. Der Antagonismus zwischen Katholizismus und Arianismus wird so dem gegenwärtigen Konflikt zwischen Katholiken und Protestanten gegenübergestellt. Der Katholik bleibt am Ende überlegen. Konfessionelle Unterschiede werden streng in Schwarz und Weiß gemalt.[65] Nach dem Ende des 30jährigen Krie-

---

[62] Diese Einteilung geht auf Elida Maria Szarota zurück. Vgl. für das Folgende Nebgen 2010, 10-15 und Tjoelker 2014, 8f.

[63] Die Autoren der Jesuitendramen waren – auch das eine Besonderheit des Jesuitentheaters – aufgrund ihres Bildungsgangs im Orden allesamt theologisch ausgebildet. Vgl. Valentin 1980, 242.

[64] Vgl. Valentin 1980, 240.

[65] Der Umgang mit den Protestanten gelang auf der Jesuitenbühne aber nicht primär destruktiv, ja man sah die Reformbedürftigkeit der Kirche und hielt die Reformation für eine Konsequenz einer Krise der Kirchendisziplin, der Ausbildung der Geistlichen und der Nachlässigkeit der kirchlichen Obrigkeit. Vgl. Valentin 1980, 248ff. Rädle 1997, 54 spricht sogar von einem „Trauma“, das auf die Angriffe der Humanisten auf die ungebildeten Kleriker zurückgehe und das die Jesuiten zu verarbeiten gehabt hätten (Rädle 1997, 54). Man freute sich etwa über Bekehrungen von Lutherischen aufgrund von Theateraufführungen. Vgl.

ges kommt dann der Büßer als neue Figur auf die Jesuitenbühne. Er hatte sich unter Bedrängnis in Schuld verstrickt und sucht ehrlich nach Vergebung.

Aus unserer Liste fallen die Stücke 1 bis 7 in diese Zeit. Hermenegild als ein treuer Katholik gegenüber dem Arianismus ist von großer Wichtigkeit. Die Angehörigen des Gesellschaft Jesu in Japan, die sich mit den dortigen Christen um 1600 der auch blutigen Verfolgung und seit 1614 (bis 1873) einem kompletten Verbot ausgesetzt sahen,[66] waren auch andernorts auf der Jesuitenbühne beliebt.[67] Auch wenn wir nicht wissen, wie das in Aschaffenburg 1651 aufgeführte Stück genau aussah, so birgt der Stoff doch Potenzial, zur konfessionell richtigen Entscheidung aufzurufen. Wenn mit dem Heraclius des Stücks von 1654 derselbe Heraclius der Aufführung von 1674 gemeint ist, handelt es sich um den oströmischen Kaiser, der im 7. Jahrhundert über die Perser siegt und das heilige Kreuz nach Jerusalem zurückbringt. Auch dieses Stück, das in einer frühen Zeit des Christentums spielen würde, würde damit gut die Kriterien der zweiten Phase des Jesuitendramas erfüllen. Beim Stück über Rudolf von Habsburg von 1658 fragt sich natürlich, welcher Rudolf hier gemeint ist, bevor man weitere Aussagen treffen kann. Wahrscheinlich hätte man für den II., III. etc. entsprechende Zusätze zum Namen gewählt.[68] Der für 1660 aufgeführte Titel hingegen verrät schon, dass es hier vielleicht tatsächlich um den für die Zeit neuen Typ des Büßerstücks handelt.

Rädle 1997, 55f. Allerdings werden in den Dramen Gretsers auf dem Index stehende Bücher, unter ihnen etwa Werke von Erasmus und Melanchthon, verbrannt. Vgl. Valentin 1980, 252. Das protestantische Schulspiel umgekehrt wendete sich gegen das Papsttum und für das auf der Schrift aufbauende Leben. Thomas Naogeorgus (1508-1563) ist hier zu nennen. Die antike Literatur wird auch dort schon um ihres formalen Bildungspotenzials willen nicht vernachlässigt. Die Rechtfertigungslehre wird zur grundsätzlichen Differenz zwischen katholischem und evangelischem Schulspiel. Vgl. Rädle 1997, 46 und 49-53.

[66] Takayama Ukon, der für seinen Glauben zwar nicht getötet wurde, aber ins Exil auf die Philippinen gehen musste, war ebenso eine beliebte Figur im Jesuitendrama (Friedrich 2016, 362). Er wurde allerdings erst am 7. Februar 2017 in Osaka seliggesprochen.

[67] Vgl. Friedrich 2016, 362.

[68] Zu Rudolf I., dem deutschen König, vgl. jetzt Schneidmüller 2019.

3. Von circa 1673 bis zum Beginn des 18. Jahrhunderts kreisen die Themen um bürgerliche Fragen wie etwa Erziehung von Kindern, die Strenge und Gerechtigkeit der Eltern und insbesondere die Autorität des Vaters, Heirat und – unter dem Eindruck des nach dem Fall Konstantinopels 1453 neuen „Höhepunkts“ der Auseinandersetzung mit den Osmanen, nämlich der Belagerung Wiens 1683 – die Türkengefahr.

Drei Stücke unserer Liste passen in diesen Zeitraum: Die 1674 auf der Aschaffenburger Bühne gezeigte Erzählung von der Rückführung des von Persern geraubten heiligen Kreuzes im 7. Jahrhundert eignet sich in der Parallelisierung genau als Spiegel für die Gefahr, die man in Europa vom 15. bis zum 17. Jahrhundert, bis zur Niederlage der Türken vor Wien, im Osmanischen Reich sah.[69] Auch die Stücke von 1678 über Armut und Reichtum und 1679 über Vater Abraham passen von den Titeln her gesehen in die allgemeinen thematischen Tendenzen des damals zeitgenössischen Jesuitendramas.

4. Bis etwa 1735 schließt sich eine Zeit an, in der nicht nur in religiösem Zusammenhang moralische Lektionen auf die Bühne gebracht werden. Stoffe aus der Literatur der vorchristlichen Antike, aber auch der aktuellen Geschichte sind in Mode. Es geht um Vaterland, Politik und Familie. Auch Nichtchristen können zum Helden werden, wenn sie allgemein gültigen menschlichen, aber natürlich vor allem katholischen Normen folgen. Die Autoren des Ordens suchen Anschluss an William Shakespeare, Pierre Corneille, Andreas Gryphius oder Christian Weise. Die Schwarz-Weiß-Malerei in der Darstellung der Konflikte nimmt ab.

1701 beschäftigte sich die Aschaffenburger Jesuitenbühne mit Diodotos Tryphon aus dem Syrien des 2. Jahrhunderts vor Christus. Tryphon ermordete Jonatan, den Herrscher in Judäa, im Jahr 143 v. Chr. (1. Buch der Makkabäer 12.24-53) und den Seleukidenkönig Antiochos VI. 142 v. Chr. (1. Buch der Makkabäer 13.31).

[69] Vgl. Konrad 2010, 5-18.

Über diese Vorgänge informieren uns auch andere Historiker wie Appian, Diodor oder Flavius Josephus.[70]

Im Jahr danach wurde abermals ein alttestamentlicher Stoff aus dem 9. Jahrhundert v. Chr. auf der Bühne präsentiert: Joram und seine Frau Atalja aus dem 2. Buch der Chronik (Kapitel 21f.) und dem 2. Buch der Könige (Kapitel 11). Beide, Joram und Atalja, sind in der Bibel keine Helden. Auch hier muss es sich aller Wahrscheinlichkeit nach wieder wie schon 1701 um ein Stück handeln, in dem die Moral des Stücks aus der Abgrenzung zu den Protagonisten gewonnen wird. Flavius Josephus berichtet im 9. Buch seiner *Jüdischen Altertümer* ebenfalls von Joram und Atalja. In diesem Stück aus vorchristlicher Zeit geht es um Familie, Vaterland und Politik.

Im Jahr 1718 kommt ein gewisser Euclius, der in der Hölle begraben ist, auf die Bühne. Die Figur eines misstrauischen und geizigen Euclio, der einen sich in einem Topf befindenden Schatz für sich behalten möchte, kennen wir aus Plautus‘ Komödie *Aulularia*, die allerdings fragmentarisch erhalten ist.[71] Aber zur Zeit unserer Aufführung kennt man eben noch eine Geschichte eines Geizigen gleichen Namens, der sich wegen des Verlusts eines Schatzes, den er bei einem Baum vergraben hatte, aufhängt.[72]

1726 ist das Alte Testament wieder die Inspirationsquelle einer Aufführung: der unehelich geborene Jephte aus dem Buch der Richter (Kapitel 11-12). Jephte hatte gelobt, das erste, was bei seiner Rückkehr aus seinem Haus herauskomme, Gott zu opfern.[73]

---

[70] Vgl. Ameling 1996, 770.

[71] Vgl. Stockert/MacLennan 2016.

[72] Vgl. Hondorff 1580, 361.

[73] Der Stoff erfreute sich einiger Beliebtheit. 1554 schrieb zum Beispiel George Buchanan eine lateinische Tragödie „Jephtes sive votum“, die sich an Euripides' „Iphigenie in Aulis“ orientierte. Georg Friedrich Händel komponierte 1751 ein Oratorium mit dem Titel „Jephtha“. Auch Giacomo Meyerbeer machte „Jephtas Gelübde“ zu seiner ersten Oper (Uraufführung am 23.12.1812 im Münchner Hoftheater). Ich danke Bernd Müller für diesen Hinweis.

Dieses erste war dann seine Tochter, sein einziges Kind. Nach der Bibel vollzieht Jephte tatsächlich sein Gelübde. Seine Tochter willigt in dieses Opfer sogar selbst ein. Dieses Menschenopfer wird anders als bei Abraham und Isaak von Gott nicht verhindert und traf daher auf große Wiederstände in der Exegese. Eher erinnert die Geschichte an die Opferung der Iphigenie durch Agamemnon auf dem Weg nach Troja. Von einer eventuellen Entrückung der Tochter Jephtes ist allerdings keine Rede. Umgekehrt wurde diese Episode künstlerisch breit rezipiert. Es wäre zu schön, hätten wir weitere Informationen über den Verlauf des Stücks, um zu sehen, zu welchem interpretatorischen Schluss die Aschaffenburger Jesuitenbühne kam. Dass es sich hier um eine einfache Nacherzählung des biblischen Textes ganz ohne kritische Untertöne gehandelt haben sollte, ist kaum denkbar. Daher passte wohl auch dieses Stück in die vierte Phase der oben beschriebenen Entwicklung des Jesuitendramas.

1731 bedienen sich die Jesuiten offenbar der Apostelgeschichte, Kapitel 6 und 7. Dort wird von Stephanus erzählt, der als erster christlicher Märtyrer gilt. Natürlich könnte es sich auch um einen anderen Heiligen Stephan handeln, etwa Papst Stephan I., Stephan I. von Ungarn oder Stephan von Muret. Man würde aber dann doch vielleicht einen erklärenden Namenszusatz erwarten.

Die Geschichte, wie Benjamin zu Josef gebracht wird, die 1732 Grundlage für die Aufführung der Jesuitenbühne bildete, findet sich in Genesis 42-45. Es handelt sich um eine Familiengeschichte, die ja auch heute noch bekannt ist und auch etwa, um nur ein Beispiel herauszugreifen, von Thomas Mann in seiner Romantetralogie über Josef und seine Brüder, die von 1933 bis 1943 erschien, verarbeitet wurde.

Höchstwahrscheinlich um das Gleichnis von den Talenten aus dem Matthäusevangelium 25.14-30[74] ging es beim Stück von 1733:

---

[74] Ob das vergleichbare Gleichnis von den Minen bei Lukas (19.11-27) auch eine Rolle spielte, können wir mangels Text natürlich auch nicht wissen.

die verteilten und zurückerhaltenen evangelischen Talente. Dieses Theaterstück passt in die Übergangszeit von der vierten zur fünften Periode der Geschichte des Jesuitendramas.

5. In der letzten Zeit bis zur Auflösung des Ordens hält die Aufklärung Einzug. Strenge bezüglich konfessioneller und ethischer Fragen wird fast gänzlich abgelegt. Es geht um Humanität und Patriotismus, Milde und Güte, Großzügigkeit und Vergebung, Selbstlosigkeit und loyale Selbstaufopferung. Die Themen werden in dieser Phase noch säkularer und zielen noch mehr auf Unterhaltung. Das Theater wird schrittweise der deutschen Sprache geöffnet. Gesang, Tanz und Ballett werden wichtiger. Leider haben sich auch aus dieser Zeit keine Stücke oder Titel von Stücken aus Aschaffenburg erhalten.

Periochen zu den Aschaffenburger Theaterstücken der Jesuiten

Die Frage, die sich also stellt, liegt auf der Hand: Gibt es zu irgendeinem dieser 16 mit Titel bekannten Stücke – denn ob die beiden Fassungen des Hermenegild von 1644 und 1648 ganz identisch waren, ist eine offene Frage – Nachrichten über seinen Inhalt? Um an Spuren der Texte dieser Stücke zu kommen, muss man über 150 Jahre zurückgehen: 1862 veröffentlichte Friedrich W. Ebeling in einem Artikel in der Zeitschrift Serapeum einen Artikel in zwei Teilen, in dem er 21 sogenannte „Prospecte" von Theaterstücken veröffentlichte, die an Schulen gespielt worden waren.[75] Er fand damals, dass diese „Prospecte" nicht so gewürdigt und gesammelt würden, wie sie dies verdienen.[76]

Diese „Prospecte" oder auch „Synopses"[77] sind nichts anderes als die schon erwähnten Periochen, die vor allem auf ihrer Titelseite darüber informieren, wann welches Stück wo aufgeführt wurde. Es folgt diesen Informationen eine Inhaltsangabe des gesamten Stücks. Anschließend wird das Stück nach Akten und Szenen aufgeschlüsselt. Diese auf Latein gehaltenen Texte können von einer Übersetzung ins Deutsche begleitet werden. Die Periochen dienten damit neben einer stark mit nonverbalem Spiel operierenden Inszenierung dem Ziel, auch Besuchern, die kein oder nicht so gut Latein konnten, das Verständnis des auf Latein gespielten Stücks trotzdem zu ermöglichen.[78] Den Abschluss dieser „Prospecte" bildete dann eine Besetzungsliste („syllabus actorum").[79]

Unter diesen „Prospecten" Ebelings finden sich auch insgesamt vier aus dem Gymnasium der Jesuiten aus Aschaffenburg. Diese

---

75 Ebeling 1862 a.

76 Ebeling 1862 a, 169 und 1862 b, 191.

77 Ebeling 1862 a, 171 gibt diese Bezeichnung als die zur Zeit der Aufführung der Stücke gebräuchlichere an.

78 Vgl. Rädle 1997, 56f. und Friedrich 2016, 359. Vgl. generell Erlach 2006 zur Frage, wie man die Texte in Szene setzte.

79 Vgl. Ebeling 1862, 169 und 171 zum Aufbau dieser Programmhefte.

Stücke entsprechen den Nummern 7 bis 10 der oben erstellten Liste der durch Gerl bekannten Titel. [80]

a) *Fatum Sapientiae Divinae Potentes Humilians* (1660)

Zunächst gibt Ebeling in seiner Doppelpublikation von 1862 aus dem zweiten seiner 21 Programmhefte unterschiedlicher Provenienz das Titelblatt der Perioche einer Aufführung in Aschaffenburg von 1660 wieder.[81] Von Ebeling erfahren wir, dass ihm zwei Exemplare des Heftes vorlagen, wobei eines davon einem gewissen Johann Philipp Molitor gehört habe. Es handele sich insgesamt um vier Blatt im Quartformat ohne Paginierung und Signatur. Ausgestattet sei der „Prospect" mit Holzschnitteinfassung auf jeder Seite und einer großen Abschlussvignette auf der letzten Seite. Der lateinische Text werde unterhalb eines jeden lateinischen Satzes durch eine deutsche Übersetzung komplementiert.[82] Ebeling informiert uns dann aber nur über den Text der Titelseite (Kursivierungen wie abgedruckt bei Ebeling):

„*Fatum Sapientiae Divinae Potentes Humilians* in *Waltero Eschibachio* et *Joanne Austriaco* Rudolphi II. Bohemorum regis Filio *Alberti* I. Rom. Imp. Nepote Tragico-Comice repraesentatum ad Solennem Studiorum Inaugurationem a perillustri, praenobili et ingenua iuventute Gymnasii Societatis Jesu Anno MDCLX. Pridie Cal. Octobris. (Vignette des Druckers.) Aschaffenburgi. Ex Typographeio Joannis Wilhelmi Heyll."

Das Stück wurde also am Vortag der Kalenden des Monats Oktober, am 30.09.1660 in Aschaffenburg von der Schülerschaft des Jesuitengymnasiums, die ganz konventionell mit den Adjektiven „*perillustris*", „*praenobilis*" und „*ingenua*" als Attributen versehen

[80] Ebeling ging bei der Präsentation der Aschaffenburger Periochen nicht ganz chronologisch vor, sondern danach, ob ein Stück der Form folgte (Teil 1 seines Artikels), die er als die gebräuchliche betrachtete, oder von ihr abwich (Teil 2 seines Artikels. Vgl. Ebeling 1862 a, 176.

[81] Was aus seiner Sammlung geworden ist, entzieht sich leider meiner Kenntnis.

[82] Ebeling 1862 a, 169f.

wurde, aufgeführt zur feierlichen Eröffnung der Schulzeit. Geboten wurde das Schicksal, das die Weisheit Gottes verleiht und das die Mächtigen erniedrigt am Beispiel von Walter von Eschenbach und Johann von Österreich, dem Sohn Rudolfs II., des Königs von Böhmen, und Neffen Albrechts I., des deutschen Kaisers. Angesichts der erwähnten Personen liegt die Vermutung nahe, dass sich das Stück um die Ermordung Albrechts durch Walter und Johann (und weiteren) am 1. Mai 1308 bei Brugg drehte.

Rudolf II. war jedoch nicht König von Böhmen.[83] Sein Vater Rudolf I. hatte in der Rheinfeldener Hausordnung von 1283 Albrecht I. zum Alleinherrscher bestimmt. Rudolf II. sollte entschädigt werden, was allerdings bis zu dessen Tod nicht geschah. Nach dem Tod von Rudolf II. 1290 in Prag, wo er sich bei seiner Schwester Guta, der Gattin des böhmischen Königs Wenzel II., zu Besuch aufhielt, hatte es zunächst sein Vater, der 1291 starb, und dann sein 16 Jahre älterer Bruder Albrecht I. immer wieder hinausgeschoben, dem Enkel beziehungsweise Neffen Johann dieses Erbe auszuhändigen. Johann von Schwaben, Herzog von Österreich und Steyer, verschwor sich gegen Albrecht I. und bekam wegen dieses Mordes den Beinamen *parricida*.[84] Walter IV. von Eschenbach beteiligte sich an dieser Verschwörung, weil Albrecht Anspruch auf Besitzungen seiner Familie erhoben hatte, so dass die Familie gezwungen war, wichtige Burgen an ihn zu verkaufen. Die Mörder Albrechts wurden geächtet und lebten nach den Berichten lange im Elend.

Dass die Pläne der Mörder Albrechts, der übrigens eine Kaiserkrönung ablehnte, nicht aufgingen, mag den Anlass gegeben haben, über die moralischen Implikationen einer solchen Tat im Stück nachzudenken und die Konsequenzen, mit denen die Mörder – und vielleicht spätere Büßer – leben mussten.

---

[83] Vielleicht liegt eine Verwechslung mit Rudolf III. vor, der von 1306-1307 König von Böhmen war. Vgl. Dopsch 2005 b.

[84] Vgl. Dopsch 2005 a.

In Aschaffenburg brachte man mit diesem Stück allerdings nichts Neues auf die Bühne. Der Stoff um Walter von Eschenbach war nach den Eintragungen von Valentin schon 1646 in Burghausen und 1652 in Amberg auf die Jesuitenbühne gekommen.

Interessant am lateinischen Text ist auch der Hinweis, dass es sich bei dem Stück um eine Tragikomödie handelte. Im 17. Jahrhundert galt im deutschsprachigen Raum im Jesuitentheater ein Stück als Tragikomödie, wenn es einen positiven Schluss besaß und in ihm Personen unterschiedlichen Standes auftraten, wenn also im Stück formale Merkmale von Tragödie und Komödie verwirklicht waren.[85]

Der am Schluss erwähnte Johann Wilhelm Heil war ein Buchdrucker aus Mainz, wo er in bei seinem Vater Nikolaus Heil dem Älteren in die Lehre gegangen war, der dort die Buchdruckerei im Haus „zur Wetterschelln“ betrieb. 1659 kam Johann Wilhelm nach Aschaffenburg. Seine Druckerei war bis 1665 aktiv,[86] in der er wohl mit dem Buchdrucker Johann Michael Straub kooperierte.[87]

b) *Paupertas Probitatis, Opulentia Improbitatis Magistra* (1678)

Ebenfalls 1862 druckt Ebeling seine Abschrift eines „Prospectes“ eines Stückes ab, das in Aschaffenburg im Jahr 1678 aufgeführt wurde.[88] Er beschreibt den Umfang dieses Programmheftes als vier Blätter im Quartformat.[89] Ebeling wollte den Text der gesamten Perioche unter Weglassung der Besetzungsliste abdrucken, um seinen Lesern an einem Beispiel einen Eindruck davon zu geben, wie diese Programmhefte normalerweise

[85] Vgl. Roselt 2012, 1320.
[86] http://www.drucker-marken.de/images/druck/pdf/Buch_53_Mainzer_drucker.pdf, zuletzt abgerufen am 17.10.2023.
[87] Vgl. Fußbahn 1997, 93 Anm. 2.
[88] Die Reihenfolge des Abdrucks der Periochen bei Ebeling wurde beibehalten.
[89] Ebeling 1862 a, 171-176.

aufgebaut seien.[90] Für uns bedeutet dieses Vorhaben Ebelings natürlich ein besonderes Glück, da wir den Text dieser Perioche sonst nicht kennen würden. Allerdings würden wir gerne erfahren, wer denn auf der Besetzungsliste stand. Aber wir müssen als Textarchäologen eben damit leben, was wir finden, und, solange sich keine weiteren Funde ergeben, damit zufrieden sein.

Die Frontseite bietet nach Ebeling folgenden Text (Kursivierungen etc. wiederum wie bei Ebeling):

"*Paupertas* Probitatis, *Opulentia* Improbitatis Magistra, in *Eulogio* ex *Latomo*, *Aulico*, ex Aula tandem ad pristinam Inopiam revocato; nunc à perillustri, praenobili, et ingenuâ Juventute, Gymnasij Societatis *Jesu* Aschaffenburgi, in Scenam data, cùm Eminentissimus ac Reverendissimus Princeps ac Dominus, D. *Damianus Hartardus* S. Sedis Moguntinae Archi-Episcopus, S. R. I. per Germaniam Archi-Cancellarius; Princeps Elector, & Episcopus Wormatiensis, etc. Dominus Noster Clementissimus. Musarum Athletis *Praemia* de more largiretur, die 30 Sept. Anno M.DC.LXXVIII.“

Wieder am 30. September 1678 spielen die Schüler – die konventionellen Attribute „*perillustris*“, „*praenobilis*“ und „*ingenua*“ dürfen wieder nicht fehlen – des Jesuitengymnasiums Aschaffenburg ein Stück, in dem Armut als Lehrmeisterin eines guten Lebenswandels, Reichtum als Lehrmeisterin der Schlechtigkeit auf die Bühne gebracht wird in Gestalt des Eulogius, der vom Steinmetz zum Palastangehörigen wird, aber aus dem Palast wieder zu seiner früheren Armut zurückgerufen wird, wobei der Erzbischof des heiligen Stuhls von Mainz, Erzkanzler des Heiligen Römischen Reiches über Germanien, Kurfürst und Bischof von Worms und Träger weiterer Ämter als „unser gnädigster Herr“ den „Athleten der Musen“ wie üblich Belohnungen schenkt. Der Erzbischof wird auch ganz der Gewohnheit der Zeit folgend als „*eminentissimus*“ und „*reverendissimus princeps ac dominus*“ angespro-

[90] Ebeling 1862 a, 171.

chen. Erzbischof von Mainz, zu dessen Herrschaftsgebiet Aschaffenburg ja gehörte, war von 1675 bis zu zu seinem Tod am 6.12.1678, also kurz nach der Aschaffenburger Aufführung, Damian Hartard von der Leyen, wobei seinem Namen – mit „*D.*“ abgekürzt und ganz üblich – nochmals die Anrede „*dominus*“ vorangestellt wird.

Auf der Rückseite folge die Inhaltsangabe, so Ebeling (mit dessen Hervorhebungen):

„Argumentum.
Eulagius (sic!) Thebanus Lapicida, conditione pauper, virtutibus dives, cùm in Egenos, tum verò in Eremicolam quondam Danielem oppidò liberalis, hic tam munificas manus demirans, multis apud *Deum* institit precibus, ut meliori sorte Eulogium donaret, ratus id fore, et egenis perquam utile, et ipsi *Deo* non minùs gloriosum: tantum etiam de pietate et constantiâ illius praesumens, ut Christo id primùm renuenti, ac omnino dissuadenti, seipsum vadimonium pro animâ illius spoponderit. Ad instantiam igitur et voluntatem Danielis disponit rem ita *Dei* providentia, ut *Eulogius* thesaurum ingentem in latomiis ab alio defossum reperiat. Verùm quid fit? Ut subitò factus dives, ita subitò in alium mutatus: mox condiditionem suam exosus, Constantinopolim peregit, et adiutore quodam Aulico, quem pecuniis corruperat, Cohorti Praetorianae praeficitur: quo in officio dum genio et voluptatibus indulget ille, apparet Christus Danieli, eique exprobrat *Eulogii* interitum, ab eoque vadimonium exigit. Quâ re consternatus Daniel, Constantinopolim mox et ipse pergit, *Eulogium* inventum de liberiori vitâ objurgat; sed benè multatus rejicitur. Spe igitur frustratus Daniel humilem à Deo postulat reddi Eulogio conditionem, quod et factum. Nam postquam partim caesi, partim capti, quibuscum conspiraverat contra Caesarem, ipse sibi malè conscius, omnibus post se relictis, ignarus ubi vitam salvaret, ad veteres suas latomias remeavit; ubi sorte viliore contentus, piis operibus, ut priùs, intentus, tandem ex hac mortali vitâ ad feliciorem transivit. Vide Sarasam de arte semper gaudendi part. 10. Tr. 12. §. 6.”

Die Perioche weist am Ende dieses Abschnitts darauf hin, woher der Stoff des Stücks stammt: Alphonse Antoine de Sarasa (31.10.1617-1.7.1667) war ein flämischer Jesuit, der sich mit Logarithmen und Mathematik beschäftigte und eine *Ars semper gaudendi* in zwei Bänden herausgab (Antwerpen 1664 und 1667). Seine *Ars* besteht aus zwei Büchern, deren erstes in drei Teile unterteilt ist, wobei dieser dritte Teil aus den Traktaten 9 bis 16 besteht. Sarasa beschreibt in beiden Bänden ein auf die göttliche Vorsehung vertrauendes und auf einem rechten Gewissen ruhendes Leben. Teil 3 des ersten Buches will zeigen, dass man sich mit allem zufrieden geben soll, was passiert. Traktat 9 handelt von öffentlichen Unglücksfällen. Traktat 10 zeigt, dass man mit seinem persönlichen Schicksal zufrieden sein muss. Traktat 11 weist darauf hin, dass man auch mit der Geschichte, die zum persönlichen Schicksal geführt haben, zufrieden sein muss. Traktat 12 fächert auf, dass reich und arm mit dem jeweiligen Schicksal zufrieden sein sollen. Er beginnt erstens mit der Feststellung, dass es nicht in unserer Hand liege, unser Schicksal selbst zu wählen. Wenn man zweitens mit seinem Schicksal zufrieden sei, dann wolle man gar nicht, dass es sich ändere. Auch solle man sich vor Neid auf das, was andere haben, was einem selbst aber fehle, hüten. Gott selbst wolle drittens dem Schicksal eines Menschen nichts hinzufügen, damit die Menschen nicht hochmütig und ihren dann neuen Stand in ihren eigenen Schaden verwandeln würden. Viertens wird ein maßvolle Verbesserung der eigenen Situation auch im Hinblick auf die Kinder für gut erachtet. Fünftens wird gezeigt, dass einem Menschen eine Verbesserung des Standes durch eine Vermehrung des Reichtums schaden wird, weil man als reicher Mensch dann nicht einmal mehr die guten Taten vollbringen wird, die man jetzt als armer Mensch tut, weil man sich tief im Innersten immer noch für arm hält. Und sechstens ist dann das Beispiel des Eulogius die Bestätigung der bisher dargelegten Punkte. Diese Punkte erscheinen der heutigen Zeit natürlich sehr fremd, die auf die Schaffung sozialer Durchlässigkeit gesellschaftlicher Schichten achtet und von jedem Mitmenschen auch die Ambition zu sozialem Aufstieg ganz selbstverständlich erwartet.

Dass die Jesuiten in Aschaffenburg das Werk de Sarasas kannten und nicht nur zitierten, ist zeitlich möglich. Die Bibliothek des Jesuitenkollegs war zwar im 30jährigen Krieg in Mitleidenschaft gezogen worden und erfuhr auch später vor allem ihre Auflösung mit dem Ende des Jesuitenkollegs im Jahr 1773. Am Ende gelangten die vorhandenen Bücher der Jesuiten von Aschaffenburg in die Hofbibliothek in Aschaffenburg.[91] Die Hofbibliothek besitzt heute beide Bände von Sarasas Werk. Die Provenienzvermerke beider Bände verzeichnen laut Online-Katalog der Bibliothek aber nicht das Jesuitenkolleg, sondern einen Joannes Agricola und einen Petrus Cammer, einen Theologen in Obernburg, als Vorbesitzer. Petrus Cammer vermerkt das Jahr 1769 als Jahr, in dem die Bände zu seinem Besitz gehören. Die *Ars semper gaudendi* wurde ganz generell aber dank ihres verlockenden Themas schnell auch in verschiedene Sprachen übersetzt und sehr populär.[92]

Auf dem zweiten Blatt beginne, so Ebeling dann weiter, der Überblick über die einzelnen Akte und Szenen. Ab hier wurde nun offensichtlich der lateinische Text gleich im Programmheft übersetzt.

Die von Ebeling beibehaltene Rechtschreibung des 17. Jahrhunderts wurde im Folgenden ebenso wie die Hervorhebungen durch Ebeling nicht geändert. Auch Ebelings Absatzformatierung wurde möglichst beibehalten.

---

[91] Vgl. zur Bestandsgeschichte der Hofbibliothek Aschaffenburg deren Webauftritt: https://www.hofbibliothek-ab.de/geschichte/, zuletzt abgerufen am 17.10.2023. Zur Geschichte der Bibliothek der Jesuiten vgl. auch Kapitel I.2 in Walter 1999.

[92] Mir lag die in Frankfurt und Leipzig erschienene 4. Auflage beider Bände vor.

„S a l u t a t i o A c t o r u m a d
Spectatores.

Actus I.

Eulogius pauper opibus, dives virtutibus.
Der im Stand der Armuth mit Tugend bereichte Eulogius.
Prologus explicat seriem Actûs scenis mutis repraesentatam.
Die Vorredt stellt vor den Inhalt deß ersten Auffzugs durch verschiedene Vorbildungen.

S c e n a I.

Varii ad Danielem consilii causâ confugiunt, inter quos Antigonus et Maenander, ab Hypatio et Pompejo, Anastasii Caesaris defuncti nepotibus ablegati.

VIel (sic!), under welchen Antigonus und Maenander, Abgesandte von Hypatio und Pompejo, Anastasii deß verstorbenen Kaysers Encklen, suchen beym Daniel umb Rath an.

S c e n a II.

Qui dum revertuntur incidunt in latrones, à quibus trucidatur prior; posterior verò verstibus spoliatus vix evadit.

Deren der erste in der Rückreiß von den Mördern des Lebens | der ander seiner Kleider beraubt wird.

S c e n a III.

Arcana Dei dum rimatur Daniel, casu offendit Eulogium, à quo etiam humanissimè domo peregrinus excipitur.

Daniel als er die heimliche Urtheil Gottes aufseckete | wird ohngefähr von Eulogio gantz freundlich auffgenommen.

Scena IV.

Confugiens Maenander spoliatus ad Eulogium, ab eodem quoque aliis vestibus, et honesto viatico donatur.

Der flüchtige Maenander wird von Eulogio mit einem Kleid / und Geldsteuer begabet.

Scena V.

Daniel dum invento Antigoni cadavere denuo providentiae divinae secreta rimatur, ab Angelo factorum causas docetur.

Daniel / als er auff findung des Cörpers Antigoni abermahl die Heimlichkeiten Göttlicher Vorsichtigkeit durchforschte / höret von dem Engel etliche Ursachen derselben.

Scena VI.

Apud quem deinde supplicans pro Eulogio ad meliorem sortem evehendo, audit divitias Eulogio obfuturas.

Bey welchem er auch umb Reichthumb vor Eulogio anhält; muß aber vernehmen / daß ihm diese höchstschädlich.

Scena VII.

De quo tamen adhuc dubius Daniel, et nimium de Eulogii in pietate constantiâ praesumens, pro illo se vadem Christo spondet.

Nichts destoweniger gar zu viel vertrauend auff die Tugend Eulogii verbürget er sich für ihn bey Christo.

Chorus.

Lamentatur summam mortalium caecitatem ac dementiam, quòd saepe concupiscant saluti suae maximè contraria.

Chorus beklagt sich über die grosse Blindheit der Menschen | indem sie ihrer Seelen nachtheilige Ding öfters begehren.

Actus II.

Eulogius dives opum, bonorum operum agens.
Der under den Reichthumben an Tugenden erarmbte Eulogius.

Prologus Actûs ejusdem seriem proponit, ut suprà.
Die Vorredt stellt vor den Inhalt des zweyten Auffzugs | wie oben.

Scena I.

Conatur Angelus Eulogii pecuniam in latomiis defossam aliò tranferre: prohibetur autem ab Angelo Danielis, et Mammone.

Der Schutz-Engel Eulogii bemühet sich den in den Steingruben verborgenen Schatz zu verrucken; wird aber verhindert von dem Engel Danielis | und dem Mammon.

Scena II.

Ingreditur Eulogius latomias, et fodiendo thesaurum reperit.

Eulogius geht in seine Steingruben | und findet den Schatz.

Scena III.

Quo thesauro quid facturus? cum dubius haereret, pravorum consilia sequenda statuit, vestesque pretiosiores sibi comparat.

Als er zweiffelte wie dieser Schatz zugebrauchen | beschlosse er der bößeren Rath nachzufolgen | und schaffte ihm alsbald köstlichere Kleider.

Scena IV.

Constantinopolim ubi pervenit, obvium sibi habet Maenandrum, à quo spem accipit, et promissionem ad altiora officia.

Zu Constantinopol traff er ohngefähr Maenandrum an | der ihm alsobald Hoffnung und Versprechung gegeben zu höheren Aembtern.

Scena V.

Quo etiam adjutore ab Hypatio praetorianae Caesaris cohorti praeficitur.

Durch dessen Hülf er auch von Hypatio der Kayserl. Quardy Obrister vorgestellt wird.

Scena VI.

Quo in munere confirmatus, obvios pauperes indignabundus à se repellit.

In diesem Ambt | nach dem er ist bestättiget worden | stößt er von sich hinweg die Arme.

Scena VII.

Quamobrem Daniel ab Angelis correptus, veniam à Deo pro se et Eulogio Supplex efflagitat, et supplicii dilationem impetrat.

Derowegen Daniel von den Engelen bestraffet | wird vor dem Richterstuhl Christi gezogen | erlangt aber vor sich und Eulogio Genad.

C h o r u s.

Docet quantum officiat divitiarum abusus; et ad liberalitatem hortatur.

Chorus anzeigent wie schädlich sey der Reichthumb-Mißbrauch | mahnet alle zur Freygebigkeit.

Actus III.

Eulogius ad priorem statum, et meliorem vitam reductus.

Der zum vorigan Stand und besserem Leben wiederkehrende Eulogius.

Prologus Actûs seriem proponit, ut suprà.

Die Vorredt stellt vor den Inhalt des tritten Auffzugs | wie oben.

S c e n a I.

Constantinopoli Daniel Eremicola multo tempore frustra Eulogium inquirit.

Zu Constantinopol sucht Daniel ein lange Zeit Eulogium vergebens.

S c e n a II.

Inventum tandem de liberiori vitâ corripit, sed pro mercede bene multatus rejicitur.

Biß er ihn letztlich gefunden | eines besseren Lebens erinnert | wird aber vor seinen Lohn hart mit Streichen hergenommen.

S c e n a III.

Rogat Pompejus Hypatii frater Eulogii operam, ut Imperii sceptrum obtinere possit; quam et ille spondet.

Pompejus ein Bruder Hypatii ersucht Eulogium umb ihm zur Kayserlichen Cron verhülfflich zu seyn / so er verspricht.

Scena IV.

Subitaneus oritur Constantinopoli tumultus, ex quo fugiens Eulogius, obvium fortassis discipulum Evagrium rogat, in securiora se deducat.

Zu Constantinopol erhebet sich ein gehlinger Aufflauff / aus welchem fliehet Eulogius / bittet seinen eben zu zeiten wanderenten Gesellen Evagrium / ihn in Sicherheit zu führen.

Scena V.

Recrudescente denuo in urbe tumultu Eulogiani caeduntur, Pompejus occiditur, Hypatius ipse captivatur.

In der zweyten entstandenen Empörung wird deß Eulogii Volck geschlagen / Pompejus erlegt / und Hypatius selbsten gefangen.

Scena VI.

Eulogius dum in fugâ nauli loco vestes navarcho pendit, à Daniele agnitus in patriam redire jubetur, ubi sanctis operibus, uti priùs intentus piè moritur.

Eulogius / da er in der Flucht vor den Schifflohn seine eigene Kleider dargiebt / wird von Daniel erkennet und ermahnet zum vorigen Stand sich zu begeben / worauff er bald seeliglich stirbt.

Scena VII.

De cujus salute Daniel solicitus ab Angelis edocetur cum magno suo solatio.

Umb dessen Glückstand der sorgfältig Daniel / von den Engelen zum besten getröstet wird.

C h o r u s.

Qui et Epilogi loco, beatos praedicat, qui spretâ mundi vanitate aeternitatem considerant.

Chorus spricht selig die jenigen | welche nach Verachtung dieser Welt offt betrachten die Ewigkeit.

O. A. M. D. G."

Die Besetzungsliste hat Ebeling – aus unserer Sicht wieder bedauerlicherweise – weggelassen.[93]

c) *S. Crux à Cosrhoë Persarum rege capta, ab Heraclio Romanorum imperatore recepta, et ab eodem Hierosolymae exaltata* (1674)

Ebenfalls 1862 erschien der zweite Teil des oben genannten Artikels von Ebeling.[94] Unter der dortigen Nummer 15 handelt es sich wieder um vier Blatt im Quartformat.[95] Allerdings wird wieder nur das Titelblatt zitiert, dieses Mal aus dem Jahr 1674 (Hervorhebungen wieder wie bei Ebeling).

„*S. Crux* à Cosrhoë Persarum Rege capta, ab Heraclio Romanorum Imperatore recepta, et ab eodem Hierosolymae exaltata per Ill., Praenob., et Ingen. Juventutem Gymnasij Societ. *Jesu Aschaffenburgi* Theatrali Triumpho dedicata. Cùm Eminent. ac Celsiss. Princeps ac Dominus, *D. Lotharius Fridericus* S. Sedis Mogunt. Archi-Episcopus, S. R. I. per Germaniam Archi-Cancellarius, Princeps, Elector, Episcopus Spirensis, Wormatiensis, Praepositus Weisenburg. et Odenheimensis etc. Dominus noster Clementissimus, Victrici Juventuti proemia munificentissime elargiretur, Tertio Nonas Octob. Anno MDCLXXIV."

[93] Ebeling 1862 a, 171.
[94] Ebeling 1862 b.
[95] Ebeling 1862 b, 189f.

Als Besonderheiten dieses Stücks hebt Ebeling hervor, dass es zwischen der zweiten und dritten Szene des ersten Aktes „ein religiös-mystisches Nebenspiel“ gebe, das ohne Zusammenhang mit dem Stück auskomme. Und er erwähnt, dass der letzte Akt durch die Abfolge von einem Chorgesang, einem lebendem Bild der Kreuzverehrung und einem Epilog beendet werde.

Am 5. Oktober 1674 wurde demnach in Aschaffenburg von den Schülern des Gymnasiums der Gesellschaft Jesu ein Stück über das heilige Kreuz aufgeführt, das vom König der Perser Cosrhoë erbeutet, vom römischen Kaiser Heraclius zurückgeholt und in Jerusalem „erhöht“ worden sei. Das Stück widmet sich also der Geschichte der Eroberung Jerusalems durch Chosrau II. im Jahr 614. Der oströmische Kaiser Herakleios konnte später das von Chosrau II. verschleppte Kreuz wiedergewinnen und es am 21. März 630 nach Jerusalem zurückbringen.[96] Lothar Friedrich von Metternich-Burscheid, zum Zeitpunkt der Aufführung Erzbischof des heiligen Stuhls von Mainz, Erzkanzler des römischen Reichs über Germanien, Kurfürst, Bischof von Speyer und Worms, (Fürst-)Propst von Weißenburg und Odenheim, vergab Belohnungen an die „siegreichen“ jugendlichen Schauspieler.

Zu diesem Stück hat sich in der Provinzialbibliothek Amberg,[97] die auch die Bestände der Bibliothek des Amberger Jesuitenkollegs übernahm,[98] unter der Signatur Lat. rec. 369 II 52 ein Exemplar der Perioche erhalten, aus der Ebeling zitiert, allerdings

---

[96] Vgl. Howard-Johnston 2006 und Borgehammar 2009. Das Fest Kreuzerhöhung fällt im katholischen Kalender auf den 14. September und wurde als solches also nicht lange vor der Aufführung des Stückes in Aschaffenburg gefeiert.

[97] Ich danke an dieser Stelle Frau Sabine Graf und Herrn Karl-Heinz Eckert von der Provinzialbibliothek Amberg ganz herzlich für ihre freundliche Unterstützung.

[98] Vgl. den geschichtlichen Abriss der Bestandsgeschichte der Bibliothek in ihrem Internetauftritt: https://www.provinzialbibliothek-amberg.de/index.php?id=22, zuletzt abgerufen am 17.10.2023.

nur mit drei Blättern, wie der Katalogeintrag ausweist.[99] Es fehlt auch hier die Besetzungliste.

Dennoch hilft dieses Amberger Exemplar weiter. Denn Ebeling ließ in seinem Eintrag die vier letzten Zeilen der Frontseite weg. Dort steht noch: „*prælo data* liberalitate prænobilium Adolescentulorum *Viti Francisci, Ferdinandi Friderici, Ignatii Jacobi, Joannis Francisci, fratrum à Raigersberg*" (Kursivierungen wie im Text des Exemplars). Die Perioche wurde konnte also dank der Großzügigkeit von vier jungen Leuten an die Druckerpresse gegeben werden. Alle vier waren Brüder und entstammten der Familie von Reigersberg. Ihr Großvater Nikolaus Georg (ca. 1598-1651)[100] war *doctor iuris utriusque*, von 1624 bis 1651 Schultheiß in Aschaffenburg, wohnte im Haus Bratfisch in der Großen Metzgergasse, heute Dalbergstraße 41,[101] wurde in den Adelsstand erhoben und fungierte außerdem als Geheimer Rat und Kanzler des Kurfürsten von Mainz. Seine Unterschrift steht an prominenter Stelle auf dem Gesamtfriedensvertrag vom 24. Oktober 1648 des Westfälischen Friedens. Sein ältester Sohn hieß ebenfalls Nikolaus Georg (1625-1689) und war Stadtschultheiß in Aschaffenburg von 1651 bis 1689.[102] Und um dessen männliche Nachkommen muss es sich wohl an dieser Stelle im Jahr 1674 handeln.[103]

---

[99] https://opac.oth-aw.de/TouchPoint/start.do?View=faw&Branch=0, zuletzt abgerufen am 17.10.2023.

[100] Vgl. Rasch-Overberg 2006.

[101] Vgl. Grimm 1985.

[102] Vgl Fußbahn 1999.

[103] Vgl. die von Thomas Zimmermann unterhaltene Seite https://gw.geneanet.org/tomzimgen?lang=en&pz=thomas+josef&nz=zimmermann&p=nikolaus+georg&n=von+reigersberg, zuletzt abgerufen am 17.10.2023. Dort fehlt allerdings Ferdinand Friedrich, und Ignaz Jakob heißt bei ihm zusätzlich noch mit erstem Vornamen Franz. Dafür kennt Zimmermann noch eine Tochter namens Eva Maria. Als einziges Datum für die Lebensspannen dieser Kinder gibt Zimmermann das Jahr 1727 als Todesjahr von Franz Ignaz Jakob an.

Man kann hier sicherlich von einer Werbeanzeige von wahrscheinlich Ehemaligen sprechen, was auch für Aschaffenburg zeigt, wie vernetzt die Schule in die Gesellschaft war und sich vernetzt halten wollte. *Adolescentulus* oder *adulescentulus* war man jedenfalls in der Antike im Alter von etwa 15 bis 30 Jahre,[104] was auch im Mittelalter gegolten zu haben scheint.[105]

Die Rückseite des ersten Blattes ist leer, und die Inhaltsangabe beginnt auf der Vorderseite des zweiten Blatts (Kursivierung wie im Text des Originals; Initiale im lateinischen Text sechs Zeilen hoch, im deutschen fünf, beide unterschiedlich in der Ausführung; Latein in lateinischer, Deutsch in Frakturschrift, wobei auch lateinische Namen, die in den deutschen Text eingefügt werden, lateinisch gesetzt sind):

„Argumentum.
Cosrhoës *Persarum Rex Hierosolymá captá S. Crucem in Persidem asportavit; Hujus rei indignitate commotus Heraclius Christianus Imperator signa cum Persis contulit, eosque Deo favente devicit. Cosrhoës fugâ elapsus Mardesam filium suum in Regni socium sibi adscivit, id quod Syroës natu maior animo ægerrimo tulit, ut gemino parricidio & Fratrem & Parentem sustulerit, pactusque Regnum cum Heraclio pro Cruce fuerit stultissimus Mercator. Hanc verò Christianitati restitutam Servatoris nostri Crucem Heraclius Imperatorio habitu refulgens cùm in Calvariæ montem deferre contenderet; Ecce tibi in porta, quæ ducit ad montem, stupentibus omnibus subsistere coactus est. Cæsarem ob hæc attonitum monuit Zacharias Præsul Hierosolymitanus fastum poneret, purpuram exueret & humilitatem indueret. Quæ Consilia Herclius secutus detractis calceis, vili tectus togâ facilè pedem promovit, & sublimem Crucem in pristinum ubi stetit antè locum retulit.* Ex Baronio.

Cosrhoës der Persier König nach dem er Jerusalem mit stürmender Hand eingenommen / hat er das Heil. Creutz als den größten Schatz der Christen darauß mit sich in sein Land geführt

---

[104] Vgl. Eyben 1973, 189f.
[105] Vgl. Henschel 1840, 88.

/ Heraclius der Christliche Kayser durch solche Unbilligkeit gantz verbittert / finge an die Persianer zu bestreiten / und zwar mit so grossem Beystand Gottes / daß er sie biß auf das Haupt geschlagen. Darauff dann Cosrhoës in der Flucht Mardesam seinen Sohn zum Mit-Regenten bestimmt / welches Syroëm den älteren Sohn dermassen geschmertzt / daß er samt Mardesa Cosrhoëm seinen Vatter umgebracht und Heraclio das H. Creutz mit diesem Geding geliffert / daß er ihm sein Reich lasse / welches auch geschehen. Als aber Heraclios mit köstlichen Kleideren angethan / das eroberte H. Creutz auf den Calvari-Berg zu tragen sich understunden, hat er under der Pforten die zum Berg weiset / kein Schritt weiter thun können / biß Zacharias ihn ermahnet / Er soll Kayserlichen Purpur ablegen / und schlechtere Kleider anlegen. Welches als er ins Werck gestellt / hat er das H. Creutz ohne alle Verhindernus auff den Calvari-Berg getragen / und alda dasselbe mit aller Umstehenden Jubel erhöhet."

Hier gibt es also auch eine deutsche Übersetzung zur lateinischen Inhaltsangabe. Die Angabe „ex Baronio" am Ende des lateinischen Textes nimmt auf Cesare Baronio (1538-1607) Bezug.[106] Dieser Kardinal war Kirchenhistoriker, der am *Martyrologium Romanum* (erstmals 1584 im Druck erschienen) beteiligt war und vor allem auch die *Annales ecclesiastici a Christo nato ad annum 1198* bis 1607 in zwölf Bänden vorlegte. Die Geschichte von Kaiser Heraklios und seiner Rückführung des Heiligen Kreuzes nach Jerusalem spielte eine große Rolle beim Fest der Kreuzerhöhung und war schon früh im Umlauf.[107] Bei Baronio wird diese Geschichte im achten Buch seiner *Annales* erzählt.

Die Werke Baronios galten als Grundlagenliteratur, sind bis heute in den Bibliotheken sehr weit verbreitet und konnten daher wohl auch in Aschaffenburg vorhanden gewesen sein. Der Online-Katalog der Hofbibliothek in Aschaffenburg führt Baronios *Martyrologium Romanum* und auch den 8. Band seiner *Annales* in Ausgaben,

[106] Zu ihm vgl. auch im Folgenden Pullapilly 1975 und Guazzelli 2012.
[107] Vgl. Borgehammar 2009.

die vor der Aufführung des Theaterstücks gedruckt waren, jedenfalls im Bestand. Provenienz-Vermerke finden sich dort allerdings nicht.

Auf der Rückseite des zweiten Blatts der Perioche folgt auf schon bekannte Art und Weise die nach Akten und Szenen aufgeschlüsselte Übersicht über das Stück (Kursivierungen wie im Text des Originals, Latein weiterhin in lateinischer Schrift, Deutsch in Frakturschrift):

„Proloquuntur
Fides Christiana & Amor Sanctae Crucis.
Der Christliche Glaub / und die Lieb zum heiligen Creutz thun die Vorred.

ACTUS I.
CAPTIVITAS S. CRUCIS.
Proludium.

Hierosolyma inter delicias pacis dormiens molestis insomniis de sui vastatione terretur. Jerusalem mitten under den Lustbarkeiten des Friedens schlaffend / bekommt nicht ohne Schrecken ein schweren Traum von ihrer Verstörung.

Scena I.

Cosrhoës Persarum Rex ab Idololatria & Ambitione ad Solymam expugnandam instigatur. Cosrhoës der Persier König wird durch Abgötterey und Ehrsucht angestifft die Statt Jerusalem under sein Gewalt zu bringen.

Scena II.

Adornat expeditionem in urbem S. proque felici eventu Mitræ (ita Persarum vocatur Deus) sacrificat. Begibt sich auff die Reiß nacher Jerusalem / und damit der Auffbruch guten Außgang gewinne / verrichtet er Mitræ (also nennen die Persianer ihren Gott) zu Ehren ein Opffer.

Diludium. Nebenspiel.

Scena III.

Hierosolyma cognito venire contra se Cosrhoëm mirè turbatur, à Zacharia tamen Præsule suo erigitur. Jerusalem wird ab deß Cosrhois Anzug sehr bestürtzet / jedoch wiederumb von Zacharia ihrem Vorsteher auffgemundert.

Scena IV.

Quia verò viribus impar est tanto hosti, ab eo obruitur, & S. Cruce spoliatur. Weilen sie aber wider so mächtigen Feind viel zu schwach ist / wird sie vom selben überfallen / und ihres Heil. Creutz beraubt.

Scena V.

Quâ victoriâ elatus Cosrhoës triumphos agit. Durch welchen Sieg Cosrhoës gantz übermüthig triumphirt.

Scena VI.

Sacram deinde Crucem unà cum Zacharia Præsule in Persidem deducit. Führt darnach das H. Creutz sambt dem Zacharia gefänglich mit sich in Persien.

CHORUS.

Fides Christiana & Amor S. Crucis à Furore Persico & Ambitione malè habentur. Der Christliche Glaub wie auch die Lieb zum H. Creutz wird von der Persianer Grimmigkeit und Ehrsucht übel tractirt.“

Mit dem zweiten Akt beginnt das dritte Blatt des Konvoluts:

„ACTUS II.
RECUPERATIO S. CRUCIS.

Proludium.

Dei Providentia Hierosolymæ lachrimas abstergit, & recuperationem S. Crucis per Scenas mutas exhibet. Die Vorsichtigkeit Gottes tröstet Jerusalem / und stellet ihr vor Augen die Eroberung des heiligen Creutz.

Scena I.

Heraclius ut Sacram Crucem recuperet à Religione & Justitia incitatur. Heraclius wird von der Religion und Gerechtigkeit das H. Creutz wiederumb zu erobern angesport.

Scena II.

A dictis jam virtutibus armatur: Persas aggreditur, eos'que unà omnes fugat. Wird von obgemeldten Tugenden bewaffnet: Gehet die Persianer dapffer an: schlägt sie samtlich in die Flucht.

Scena III.

Cosrhoës in fuga Mardesæ Filio Regnum committit. Der flüchtige Cosrhoës übergibt Mardesæ seinem Sohn das Reich.

Scena IV.

Id quod Syroës Frater ejus impatienter ferens de Patris nece & restituenda Cruce cum Heraclio agit. Welches Syroi seinem älteren Bruder über die Massen wehe thut; handlet mit Herclio wie sein Vatter zu tödten / und wie das H. Creutz könne wiederumb zugestellt werden.

Scena V.

Patrem cum Mardesa per insidias intercipit; Hunc illico necari, illum prius illudi, dein interfici jubet. Durch Hinderlist nimbt er seinen Vatter mit Mardesa gefangen: diesen läst er ohn Verzug niederstossen / jenen befilcht er zu verspotten / nachmals aber umbzubringen.

Scena VI.

Pro Sancta Cruce ab Heraclio Regnum suum obtinet. An statt deß Heil. Creutz erhaltet er von Heraclio sein Reich.

CHORUS.

Fides Christiana & Amor S. Crucis triumphant Furore & Ambitione frementibus. Der Christliche Glaub und die Lieb zum Heil. Creutz triumphiren / da hingegen Grimmigkeit und Ehrsucht sich entrüstet erzeigen."

Der dritte Akt findet sich auf der Rückseite des dritten Blattes:

„ACTUS III.
EXALTATIO S. CRUCIS.

Proludium

Providentia divina humilitatem despectâ superbiâ destinat ad S. Crucis exaltationem. Die Vorsichtigkeit Gottes verwirfft den Hoffart / und erwehlet die Demuth für die Erhöhung des H. Creutz.

Scena I.

Heraclius victor Hierofolymam iter ingreditur. Der siegreiche Heraclius begibt sich nacher Jerusalem.

Scena II.

A qua summo cum applausu (jubente ita Constantio Filio ejus) excipitur. Von welcher er auff Befelch Constantii seines Sohns mit größter Glückwünschung empfangen wird.

Scena III.

In tanti victoris gratiam Judæi S. Crucis osores in exilium ablegantur. Einem so grossen Obsieger zu gefallen / werden die Juden als geschworne Feind deß H. Creutz der Statt verwiesen.[108]

Scena IV.

Tum Heraclius humero ad splendorem purpurato S. Crucem in Calvariæ montem deferre contendit. Darauff sich Heraclius in Kayserlichem Schmuck das H. Creutz nach dem Calvari-Berg zu tragen sich unterstehet.

Scena V.

Sed progredi nequit occultâ vi gradum morante. Wird aber durch ein heimliche Gewalt also auffgehalten / daß er kein eintzigen Schritt weiters thun kann.

Scena VI.

Tandem ex Zachariæ Consilio purpura detract plebejam indutus togam S. Crucem loco suo & honori restituit. Legt endlich auß Raht Zachariæ allen Kleiderpracht von sich / und schlieffet in ein geringeres Gewand: traget darauff das H. Creutz an sein voriges Ort mit seiner und daß Volcks Jubell und Freud.

---

108 Zu antijüdischen Haltungen in der katholischen Kirche im 17. Jahrhundert und auch generell s. z.B. König 2006.

C H O R U S.

Veneratio exaltatæ Crucis.

Verehrung deß erhöheten Creutz.

E P I L O G U S."

Der Kustos dieser Seite kündigt den Syllabus für die folgende Seite an, die dann, wie gesagt, leider fehlt.

Wie das *diludium* im ersten Akt in den Zusammenhang des Stücks eingebettet war, muss tatsächlich offenblieben. Aber ob es davon völlig losgelöst war, wie Ebeling schrieb, ist allerdings natürlich ebenso aufgrund der Quellenlage nicht zu entschieden.

d) *Angeli a patriarcha Abraham hospitio excepti* (1679)

Zuletzt erfahren wir von Ebeling unter seiner Nummer 16, dass 1679 folgendes Stück zur Aufführung gebracht worden sei. Die Hervorhebungen folgen wieder Ebelings Publikation:[109]

„*Angeli* Peregrinorum specie, à Patriarcha *Abraham* Hospitio excepti. Moguntiae, ex Typographejo Christophori Küchleri, Anno 1679. (Repraesentabat Aschaffenburgi Studiosa Juventus P. P. Societatis *Jesu* Anno 1679 mense Augusto.)"

Dieser „Prospect" bestehe aus zwei Blatt im Quartformat. Das Stück sei nicht in Akte gegliedert, sondern in acht Szenen, zu denen ein „Haupt-Prolog" und ein Epilog hinzutreten würden.

Ohne genaue Tagesangabe werden wir also über eine Aufführung im August 1679 durch die Schüler der Patres der Gesellschaft Jesu in Aschaffenburg informiert, die vom Besuch von Engeln in Gestalt von Fremden beim Patriarchen Abraham handele, der sie

[109] Ebeling 1872 b, 190.

als Gäste aufnimmt. In dieser Episode aus Genesis 18 besuchen drei Engel in Menschengestalt Abraham und kündigen ihm an, dass seine Frau Sara nächstes Jahr einen Sohn haben werde. Anschließend gehen sie nach Sodom und Gomorra weiter, wobei Abraham für den Erhalt dieser Städte bittet, wenn sich dort auch nur eine kleine Zahl Gerechte fände. Diese Geschichte wird schon früh als Passage interpretiert, die die Dreifaltigkeit Gottes anzeige.[110] Besonders zu beachten ist hier sicher, dass die Jesuitenkirche in Aschaffenburg der Heiligen Dreifaltigkeit geweiht war.[111]

Gedruckt wurde diese Perioche von Christoph Küchler in Mainz, der 1664 aus Würzburg nach Mainz gezogen und 1665 zum kurfürstlichen Hofbuchdrucker gemacht worden war. Anfang der 1680er Jahre übernahm er die Druckerei des schon erwähnten Buchdruckers Nikolaus Heil des Älteren.[112]

---

[110] Vgl. Hieke 2005, 30. Dogmatische Fragen verhandelte das Jesuitentheater eher selten. Es ist überliefert, dass 1566 in Medina del Campo in Spanien die Figuren von Gott Vater und Gott Sohn in der Landessprache auf der Bühne miteinander sprachen, was zu Protesten über die unwürdige Darstellung an den Ordensgeneral Francisco de Borja führte. Vgl. Friedrich 2016, 363.

[111] Schutzpatrone traten im Jesuitendrama gerne auf. Für den heiligen Martin in Mainz 1569 und den Heiligen Kilian in Würzburg 1970 vgl. Valentin 1980, 246. Für den Erzengel Michael im Falle der Einweihung von Münchens Jesuitenkirche 1597 vgl. Bauer/Leonhardt 2000. Zu dieser Einweihung vgl. auch Hess 1997, 269.

[112] http://www.drucker-marken.de/images/druck/pdf/Buch_53_Mainzer_drucker.pdf, zuletzt abgerufen am 17.10.20.

Theater auf der Höhe der Zeit

Die vorliegenden Ergebnisse mögen auf den ersten Blick etwas mager erscheinen angesichts von 153 Jahren Schulgeschichte von der Gründung des Jesuitengymnasiums in Aschaffenburg im Jahr 1620 bis zur Aufhebung des Ordens 1773 und dem damit verbundenen Ende der jesuitischen Leitung der Schule. Aber aus den geschilderten Gründen und besonderen Bedingungen der Erhaltung der Stücke und der Nachrichten über sie muss man am Ende doch wohl konstatieren, dass es gar nicht so wenig ist, was man heute noch wissen kann. Wir haben heute also Kenntnis von 17 Aufführungen. Von 16 von ihnen sind der Titel bekannt. Und von diesen wiederum gibt es Stücke von vier Periochen: eine Perioche ohne Besetzungsliste befindet sich in Amberg, die Abschrift einer weiteren Perioche, ebenfalls ohne Besetzungsliste, und die Abschriften der Titelblätter zweier weiterer Periochen finden sich im 19. Jahrhundert in der Zeitschrift Serapeum. Man kann aus diesem Material immerhin erschließen, dass man in Aschaffenburg im Jesuitentheater jedenfalls thematisch und organisatorisch voll auf der Höhe der Zeit Schultheater betrieb.

Die Durchsicht der Texte hat uns nicht nur in die Schulgeschichte, sondern auch in die Stadt- und Weltgeschichte vom Trojanischen Krieg bis heute und von der Pfaffengasse über das Schloss mindestens bis in die Dalbergstraße geführt und von da auch nach Hanau, Mainz, Amberg, Münster, Rom, Jerusalem und Nagasaki. Die Reise führte auch quer durch den Garten wissenschaftlicher Disziplinen von der Mathematik bis zur Dogmatik. Das Schultheater war so unter anderem auch die Fortsetzung des Lateinunterrichts, der einmal mehr bewies, dass er der Schlüssel zur Welt war.

Manches wissen wir also vom Jesuitentheater in Aschaffenburg, vieles nicht. Daher sei abschließend noch gesagt: Man sollte die Hoffnung vielleicht nicht generell aufgeben, doch noch irgendwo auf weitere Zeugnisse des Jesuitentheaters in Aschaffenburg zu stoßen.

Zitierte Literatur:

Abele, A. 2018: Jeremias Drexel SJ: *Iulianus Apostata Tragoedia.* Edition, Übersetzung und Kommentar. Berlin.

Ameling, W. 1996: Antiochos, in: Cancik/Schneider 1996, 767-771.

Assmann, H.-D., F. Baasner, J. Wertheimer 2011 (Hgg.): Kulturen des Dialogs. Baden-Baden.

Bauer, B. 1994: Multimediales Theater. Ansätze zu einer Poetik der Synästhesie bei den Jesuiten, in: Plett 1994, 197-238.

Bauer, B., J. Leonhardt 2000: *Triumphus divi Michaelis.* Triumph des heiligen Michael. Einleitung, Übersetzung und Text, Kommentar. Regensburg.

Bloemendal, J., H. B. Norland 2013: Introduction: Neo-Latin Drama: Contexts, Contents and Currents, in: Norland/Bloemendal 2013, 1-24.

Boogerd, L. van den 1961: Het Jezuitendrama in de Nederlanden. Groningen.

Borgehammar, S. 2009: Heraclius Learns Humility: Two Early Latin Accounts Composed for the Celebration of *Exaltatio Crucis*, in: Millennium 6, 145-201.

Boxer, C. R. 1967: The Christian Century in Japan 1549-1650. 2. Auflage Berkeley.

Büttner, M. 2004: Ludovicus Crucius. Sedecias. Die lateinische Tragödie von Luís da Cruz S. J. Frankfurt.

Cancik, H., H. Schneider 1996 (Hgg.): Der neue Pauly. Enzyklopädie der Antike. Band 1. Stuttgart.

Castritius, H. 1999: Hermenegild, in: Reallexikon der Germanischen Altertumskunde 14, 423-425.

Chevalier, J.-F. 2013: Jesuit Neo-Latin Tragedy in France, in: Norland, Bloemendal 2013, 415-469.

Dietl, C. 2013: Neo-Latin Humanist and Protestant Drama in Germany, in: Norland/Bloemendal 2013, 103-183.

Dopsch, H. 2005 a: Rudolf II., in: Historische Kommission 2005, 177-178.

Dopsch, H. 2005 b: Rudolf III., in: Historische Kommission 2005, 178-179.

Duhr, B. 1907: Geschichte der Jesuiten in den Ländern deutscher Zunge im XVI. Jahrhundert. Freiburg.

Duhr, B. 1913: Geschichte der Jesuiten in den Ländern deutscher Zunge in der ersten Hälfte des XVII. Jahrhunderts. 2 Bände. Freiburg.

Duhr, B. 1921: Geschichte der Jesuiten in den Ländern deutscher Zunge in der zweiten Hälfte des XVII. Jahrhunderts. München.

Duhr, B. 1928: Geschichte der Jesuiten in den Ländern deutscher Zunge im 18. Jahrhundert. 2 Bände. München.

Ebeling, F. W. 1862 a: Prospecte zu Schulkomödien I, in: Serapeum: Zeitschrift für Bibliothekswissenschaft, Handschriftenkunde und ältere Literatur 23.11, 158-176.

Ebeling, F. W. 1862 b: Prospecte zu Schulkomödien II, in: Serapeum: Zeitschrift für Bibliothekswissenschaft, Handschriftenkunde und ältere Literatur 23.12, 188-191.

Erlach, T. 2006: Unterhaltung und Belehrung im Jesuitentheater um 1700. Untersuchungen zu Musik, Text und Kontext ausgewählter Stücke. Essen.

Eyben, E. 1973: Die Einteilung des menschlichen Lebens im römischen Altertum, in: Rheinisches Museum für Philologie NF 116, 150-190.

Ferckel, F. 1950/51: Zur Geschichte des Aschaffenburger höheren Unterrichtswesens. V. Das Aschaffenburger Gymnasium 1932-1950. Programm des humanistischen Gymnasiums Aschaffenburg für das Schuljahr 1950/51. Ohne Ort.

Friedrich, M. 2016: Die Jesuiten. Aufstieg, Niedergang, Neubeginn. München (ND 2018).

Friedrich, M. 2021: Die Jesuiten. Von Ignatius von Loyola bis zur Gegenwart. München.

Fuller, A. 2015: Between Two Worlds. The *autos sacramentales* of Sor Juana Inés de la Cruz. Cambridge.

Fußbahn, H. 1997: Der Prozeß der Witwe Elisabeth Straub – kurmainzische Justiz im Aschaffenburg des 17. Jahrhunderts, in: Mitteilungen aus dem Stadt- und Stiftsarchiv Aschaffenburg 5.3, 93-98.

Fußbahn, H. 1999: Dr. Nikolaus Georg Reigersberger – Aschaffenburger Stadtschultheiß und kurmainzischer Kanzler, in: Aschaffenburger Jahrbuch für Geschichte, Landeskunde und Kunst des Untermaingebietes 20, 121-182.

Gerl, H. 1957: Die Jesuitenniederlassung in Aschaffenburg, in: Aschaffenburger Jahrbuch für Geschichte, Landeskunde und Kunst des Untermaingebietes 4, 661-684.

Grimm, A. 1985: Aschaffenburger Häuserbuch. Band 1: Dalbergstraße-Stiftsgasse-Fischerviertel. Aschaffenburg.

Guazzelli, G. A. 2012: Cesare Baronio Or, in: Heid/Dennert 2012, 120-122.

Haas, C. M. 1958: Das Theater der Jesuiten in Ingolstadt. Ein Beitrag zur Geschichte des geistlichen Theaters in Süddeutschland. Emsdetten.

Habersetzer, R. 2011: Die Krieger des alten Japan. Berühmte Samurai, Rônin und Ninja. Aus dem Französischen von F. Elstner. 2. Auflage Chemnitz.

Hadamowsky, F. 1991: Das Theater in den Schulen der Societas Jesu in Wien (1555-1761). Daten, Dramen, Darsteller. Eine Auswahl aus Quellen in der Österreichischen Nationalbibliothek. Wien.

Heckmann, F. 1911: Sts. Peter Baptist and Twenty-Five Companions, in: The Catholic Encyclopedia. New York. http://www.newadvent.org/cathen/11755b.htm, zuletzt abgerufen am 17.10.2023.

Heid, H. 2015: Die Jesuiten in der Markgrafschaft Baden (1570-1773). 2 Bände. Ubstadt-Weiher.

Heid, S., M. Dennert 2012 (Hgg.): Personenlexikon zur Christlichen Archäologie. Forscher und Persönlichkeiten vom 16. bis zum 21. Jahrhundert. Bd. 1. Regensburg 2012.

Henschel, G. A. L. 1840: Glossarium mediae et infimae latinitatis. Tomus I. Paris.

Hess, G. 1997: Nachwort. Der sakrale Raum als Schauspiel. Zur poetischen Inszenierung der Münchner Michaelskirche in der historischen Festschrift von 1597, in: Hess/Schneider/Wiener 1997, 269-293.

Hesse, G., S. M. Schneider, C. Wieder 1997 (Hgg.): *Trophaea Bavarica.* Bayerische Siegeszeichen. Faksimilierter Nachdruck der Erstausgabe München 1597 mit Übersetzung und Kommentar. Regensburg.

Hieke, T. 2005: Abraham, in: Das wissenschaftliche Bibellexikon im Internet, https://www.bibelwissenschaft.de/ressourcen/wibilex/altes-testament/abraham-3, zuletzt abgerufen am 17.10.2023

Historische Kommission bei der Bayerischen Akademie der Wissenschaften: Neue deutsche Biographie. 22. Band (hg v. H. G. Hockerts). Berlin.

Hondorff, A. 1580: *Promptuarium exemplorum.* Historien und Exempelbuch. Leipzig.

Howard-Johnston, J. 2006: East Rome, Sasanian Persia and the End of Antiquity. Historiographical and Historical Studies. Aldershot 2006.

Hsia, A. (Hg.) 2005: Mission und Theater. Japan und China auf den Bühnen des Gesellschaft Jesu. Regensburg.

Kindig, W. 1965: Franz Lang. Ein Jesuiten-Dramatiker. Diss. Graz.

König, J. 2006: Judenfeindschaft von der Antike bis zur Neuzeit, in: Bundeszentrale für politische Bildung, 23.11.2006: https://www.bpb.de/politik/extremismus/antisemitismus/37951/von-der-antike-bis-zur-neuzeit?p=all, zuletzt abgerufen am 17.10.2023.

Konrad, F. 2010: Von der 'Türkengefahr' zu Exotismus und Orientalismus: Der Islam als Antithese Europas (1453–1914)?, in: Europäische Geschichte Online, http://ieg-ego.eu/de/threads/modelle-und-stereotypen/tuerkengefahr-exotismus-orientalismus/felix-konrad-von-der-tuerkengefahr-zu-exotismus-und-orientalismus-1453-1914, zuletzt abgerufen am 17.10.2023.

Krump, S. 2000: *In scenam datus est cum plausu.* Das Theater der Jesuiten in Passau (1612-1773). 2 Bände. Berlin.

Meier, J. 2000 (Hg.): „… *usque ad ultimum terrae*". Die Jesuiten und die transkontinentale Ausbreitung des Christentums 1540-1773. Göttingen.

Müller, J. 1930: Das Jesuitendrama in den Ländern deutscher Zunge vom Anfang (1555) bis zum Hochbarock (1665). 2 Bände. Augsburg.

Mundt, L., U. Seelbach: Nicolaus Avancini S.J. *Pietas victrix* – Der Sieg der Pietas. Tübingen.

Muneroni, S. 2017: Hermenegildo and the Jesuits. Staging Sainthood in the Early Modern Period. Cham.

Nebgen, C. 2010: Religiöses Theater (Jesuitentheater), in: Europäische Geschichte Online, http://ieg-ego.eu/de/threads/europaeische-medien/medien-des-religioesen-transfers/christoph-nebgen-religioeses-theater-jesuitentheater#PeriodendesdeutschenJesuitendramas, zuletzt abgerufen am 17.10.2023.

Norland, H. B. 2013: Neo-Latin Drama in Britain, in: Norland/Bloemendal 2013, 471-544.

Norland, H. B., J. Bloemendal 2013 (Hgg.): Neo-Latin Drama and Theatre in Early Modern Europe. Leiden.

O'Malley, J. W., G. A. Bailey, S. J. Harris, T. F. Kennedy 1999: The Jesuits. Cultures, Sciences, and the Arts, 1540-1773. Toronto 1999 (ND 2015).

Oba, H., A. Watanabe, F. Schaffenrath (Hgg.) 2022: Japan on the Jesuit Stage. Transmissions, Receptions, and Regional Contexts. Leiden.

Petruzzello, M. 2019: St. Hermenegild. Visigoth Prince, in: Encyclopaedia Britannica, https://www.britannica.com/biography/Saint-Hermenegild, zuletzt abgerufen am 17.10.2023.

Plett, H. F. 1994 (Hg.): Renaissance-Poetik / Renaissance Poetics. Berlin.

Pohle, F. 2000: Friedrich Spee und Franz Xaver – Politische Reaktionen eines Daheimgebliebenen, in: Meier 2000, 13-37.

Pullapilly, C. K. 1975: Caesar Baronius. Counter-Reformation Historian. Notre Dame.

Rädle, F. 1997: Theater als Predigt. Formen religiöser Unterweisung in lateinischen Dramen der Reformation und Gegenreformation, in: Rottenburger Jahrbuch für Kirchengeschichte 16, 41-60.

Rädle, F. 2004: Das Jesuitentheater. Ein Medium der frühen Neuzeit. Trier.

Rädle, F. 2013: Jesuit Theatre in Germany, Austria and Switzerland, in: Norland/Bloemendal 2013, 185-292.

Rasch-Overberg, B. 2006: Familie: Reigersberger, Vorname: Nikolaus Georg, in: Internetportal „Westfälische Geschichte", https://www.lwl.org/westfaelische-geschichte/portal/Internet/finde/langDatensatz.php?urlID=5517&url_tabelle=tab_person, zuletzt abgerufen am 17.10.2023

Rela, W. 1990: El teatro Jesuítico en Brasil, Paraguay, Argentina. Siglos XVI - XVIII. Montevideo.

Roselt, J. 2012: Tragikomödie, in: Ueding, G. (Hg.): Historisches Wörterbuch der Rhetorik. Bd. 10. Darmstadt, 1316–1326.

Rudin, A. 1975: Franz Lang. Über die Schauspielkunst. Bern.

Schatz, K. 2013: Geschichte der deutschen Jesuiten (1810-1983). 6 Bände. Münster.

Schneidmüller , B. 2019: König Rudolf I. und der Aufstieg des Hauses Habsburg im Mittelalter. Darmstadt.

Sommervogel, C. 1884: Dictionnaire des ouvrages anonymes et pseudonymes publiés par des religieux de la Compagnie de Jésus depuis sa fondation jusqu'à nos jours. Paris.

Sommervogel, C., Au. de Backer, Al. de Backer, A. Carayon 1890–1932: Bibliothèque de la Compagnie de Jésus. Nouvelle (3.) Édition. 12 Bände. Bruxelles/Paris/Toulouse (ND Leuven 1960).,

Spiringer, F. 1901: Zur Geschichte des Aschaffenburger höheren Unterrichtswesens. I. Das Aschaffenburger Gymnasium unter der Leitung des Jesuitenordens. Programm des Kgl. Humanistischen Gymnasiums Aschaffenburg für das Schuljahr 1900/1901. Aschaffenburg.

Stokert, W., K. MacLennan 2016: Plautus. Aulularia. Liverpool.

Stolte, A. 2013: Liturgische Quellen im Bistum Osnabrück. Studien zur ortskirchlichen Rezeption des römischen Ritus. Regensburg.

Stork, S. 2013: Das Theater der Jesuiten in Münster (1588-1773): Mit Editionen des ‚Petrus Telonarius' von 1604 und der ‚Coena magna' von 1632. Münster.

Szarota, E. M. 1979-1987: Das Jesuitendrama im deutschen Sprachgebiet. 4 Bände. München.

Takeda, A 2011: Der San-Felipe-Zwischenfall oder die Furcht vor dem Anderen. Ein gescheiterter Dialog zwischen Japan und Spanien aus der Frühen Neuzeit, in: Assmann/Baasner/Wertheimer 2011, 95–108.

Tilg, S. 2005: Die Hl. Katharina von Alexandria auf der Jesuitenbühne. Drei Innsbrucker Dramen aus den Jahren 1576, 1577 und 1606. Berlin.

Tjoelker, N. 2014: Andreas Friz's Letter on Tragedies (ca. 1741-1744). An Eighteenth-Century Jesuit Contribution to Theatre Poetics. Leiden.

Valentin, J.-M. 1980: Gegenreformation und Literatur: Das Jesuitendrama im Dienste der religiösen und moralischen Erziehung, in: Historisches Jahrbuch 100, 240-256.

Valentin, J.-M. 1983: Le théâtre des Jésuites dans les pays de langue allemande. Répertoire chronologique des piéces représentées et des documents conservés. 1: 1555-1728. Stuttgart.

Valentin, J.-M. 1984: Le théâtre des Jésuites dans les pays de langue allemande. Répertoire chronologique des piéces représentées et des documents conservés. 2: 1729-1773. Stuttgart.

Wagner, H. 1906: Zur Geschichte des Aschaffenburger höheren Unterrichtswesens. II. Das Aschaffenburger Gymnasium 1773-1814. Pogramm des Kgl. Humanistischen Gymnasiums Aschaffenburg für das Schuljahr 1905/1906. Abschaffenburg.

Walter, L. K. 1999: Kataloge der Wiegendrucke der Stiftsbibliothek zu Aschaffenburg. Würzburg.

Watanabe, A. 2023: Japan on the Jesuit Stage. Two 17th Century Latin Plays with Translation and Commentary. London.

Werz, J. 2021: Bernhard von Clairvaux auf der Bühne der Jesuiten : Edition und Übersetzung der "Divi Bernardi Tragicomœdia" aus dem Kölner Gymnasium "Tricoronatum". Münster.

Wimmer, R. 1982: Jesuitentheater. Didaktik und Fest. Das Exemplum des ägyptischen Joseph auf den deutschen Bühnen der Gesellschaft Jesu. Frankfurt am Main.

Wirthensohn, S. 2019: Anton Claus. Leben und Werk. Studie zum späten Jesuitentheater. Berlin.